徽州
鸿儒汪道昆研究

HUIZHOU HONGRU

WANGDAOKUN YANJIU

张 健 ◎ 著

安徽师范大学学术著作出版基金项目

安徽师范大学皖南历史文化研究中心资助项目

安徽师范大学国家社科基金入围项目"清代徽州藏书家与文化传播研究"培育计划资助项目

安徽师范大学出版社

·芜湖·

责任编辑：孙新文
装帧设计：丁奕奕

图书在版编目（CIP）数据

徽州鸿儒汪道昆研究/张健著 . —芜湖：安徽师范大学出版社，
2014. 12（2025.1 重印）
ISBN 978 – 7 – 5676 – 0245 – 8
Ⅰ.①徽… Ⅱ.①张… Ⅲ.①汪道昆（1525~1593）—人物研究
Ⅳ.①K825.6

中国版本图书馆 CIP 数据核字（2012）第 311782 号

徽州鸿儒汪道昆研究

张　健　著

出版发行：安徽师范大学出版社
　　　　　芜湖市九华南路 189 号安徽师范大学花津校区 邮政编码：241002
网　　址：http：//www. ahnupress. com/
发 行 部：0553 – 3883578 5910327 5910310(传真) E – mail：asdcbsfxb@126. com
经　　销：全国新华书店
印　　刷：阳谷毕升印务有限公司
版　　次：2014 年 12 月第 1 版
印　　次：2025年1月第2次印刷
规　　格：880×1230　1/32
印　　张：6. 5
字　　数：170 千
书　　号：ISBN 978 – 7 – 5676 – 0245 – 8
定　　价：45.50 元

前　言

　　徽州地处皖南山区，史称一府六县（徽州府及歙、休宁、祁门、黟、绩溪、婺源）。它有悠久的历史、灿烂的文化，又是商贾之乡，与全国同类地区相比，可说是出类拔萃。世称"程朱桑梓"、"东南邹鲁"。徽州人重文兴教，书院私塾遍布城乡，读书考学蔚然成风。"一家不读书，等于一窝猪"是乡间最流行的俗语，虽然偏颇刻薄了一些，但骨子里透着实在和善意。自南宋到明清，在古徽州区域出现一种"学成派、艺成海、术成流、商成帮、人成杰"的局面，形成了一个具有特色又自成体系的徽州文化。

　　徽州文化是在南宋以后崛起，历数百年于明清时达到鼎盛与繁荣，清末以后衰退。历史上产生了许多学派和流派，内容几乎涵括文化的所有领域。其文风昌盛、教育发达、人才辈出，自宋至清，徽州共建有书院、精舍等 260 多所；社学明初有 462 所，清康熙时达 562 所，私塾更是林立，"远山深谷，居民之处，莫不有学有师、有书史之藏"。科举及第者众，仅明清两代徽州本籍中举人者 996 人，中进士者 618 人，状元仅清一代本籍加寄籍有 18 人，曾涌现出了朱熹、程大位、汪道昆、朱升、江永、戴震、俞正燮、王茂荫、胡适、陶行知、黄宾虹等一大批杰出人物。更有影响深远的徽商，成为长盛不衰的研究话题。

　　日本学者滕井宏所著《新安商人研究》的主要资料则是依据明万历《歙志》和汪道昆的《太函集》。他说："1940 年，我曾在东京尊经阁文库读书，因另有目的，浏览万历《歙志》，对其中构成新安商人核心的歙商活动状况记载之详明，史料之多，大为惊讶，自是，我遂开始研究新安商人问题。……战后不久，我在静嘉堂文库翻阅明代各种文集时，发现汪道昆的《太函集》，乃是有关徽州商人史料之宝藏，为之狂喜。拙著《新安商人的研究》就是以《太函集》所提供的大量珍贵史料作为本书的骨架，也只有根据《太函集》的各种史料，始有可能为立体的、结构严密的掌握新安商人营业状况开辟道路，谅非过言。拙著《新安商人研究》发表之后，中国和日本的各种研究中多有从《太函集》引用有关新安商人史料的，由此可以想见《太函集》之重要。"从这段话中，可以看出汪道昆的《太函集》中，记载了大量徽州商人的史料。《太函集》120 卷，万历辛卯刊。卷 1 至卷 26 为序文；卷 27 至 62 为传状、墓表；卷 63 至 77 为碑记；卷 78 至 83 为铭赞、祭文；卷 84 至 160 为论、杂著、跋、议、疏、书牍；卷 170 后为古今体诗。从某种意义上说，《太函集》是研究徽商的开山之作。

汪道昆（1525—1593），一名守昆，初字玉卿，改字伯玉，号高阳生、南溟、南明，以后又署太函氏、泰茅氏、天游子、天都外臣等称号，这些别号，和他的居室、嗜好、经历、思想都有一定的联系。

随着近年来汪道昆研究的不断深入，报纸和杂志有关汪道昆的论述屡见不鲜，引起了国内外的专家学者的广泛关注，有人更大胆提出了《金瓶梅》作者就是汪道昆。而汪道昆研究似乎红遍了徽学界。据《明史·汪道昆传》载：

　　汪道昆，字伯玉，世贞同年进士。大学士张居正亦其同年生也，父七十寿，道昆文当其意，居正亟称之。世贞笔之《艺苑卮言》曰："文繁而有法者于鳞，简而有法者伯玉。"

道昆由是名大起。晚年官兵部左侍郎，世贞亦尝贰兵部，天下称"两司马"。世贞颇不乐，尝自悔奖道昆为违心之论云。

虽然是寥寥数语，然颇多微辞。不仅对汪道昆的评价不高，也没有指出汪道昆在文坛成的就和政治上的抱负。但汪道昆作为明代中期重要人物，历史是难以抹除的。

据史料记载，汪道昆的汪氏家族，是从浙江迁移到安徽歙县，世代以务农为业。传到汪道昆的祖父汪守义时，徽州人已经开始大规模的外出经商，以谋生财之道，养家糊口。汪道昆的祖父汪守义、父亲汪良彬、叔父汪良直皆以经商为业。明嘉靖四年（1525），汪道昆就出生在这样一个盐商的家庭里。祖父从小就教他背诵古诗，再加上他生而颖悟，好读书，常一目十行。

嘉靖二十六年（1547），汪道昆中进士，与张居正同榜，后又成为春试房考官吴维岳的门人。中进士后，汪道昆的仕途比较顺利。先后任职义乌知县、南京工部主事、户部主事、兵部员外郎、襄阳知府、福建按察使、福建巡抚等。嘉靖四十五年（1566）被给事中岑用宾诬蔑为治兵严酷、素行贪污不检，故被罢官归里。在徽州故里闲居四年之久，常与朋友饮酒赋诗。隆庆四年（1570），以原职抚治郧阳；后任湖广巡抚、兵部右侍郎、兵部左侍郎等职。万历三年（1575），汪道昆因与张居正政见不合，被迫陈情终养，直到万历二十一年（1593）离世，享年六十九岁。

汪道昆不仅有吏治和武略才能，而且还有过人的文学才华，其杂剧创作富有特色。《太函集》、《太函副墨》、《水浒传序》等，在文坛上获得推崇，被人称之为和李攀龙、王世贞鼎足而立的大家。汪道昆和王世贞又都做过兵部侍郎，而兵部侍郎雅称少司马，所以他们在当时文坛上又称"两司马"。汪道昆主张文学复古，这使他的创作沿袭了前后七子模拟古人的方法。当然其文学主张重在形式上的模拟古人，但与此同时，他也继承和创新了儒家抒情言志的文学思想。

在中国戏曲史上，汪道昆是一个有贡献也很特别的人物。今存汪道昆戏剧作品《大雅堂杂剧》四种，在艺术上所取得的成就，有目共睹，让人感到庄雅蕴藉，清新脱俗。汪道昆作为明代杂剧改革的先行者之一，其功不可泯灭。国内的一些专家如徐朔方、金宁芬、汪效倚等都给予汪道昆高度评价。

汪道昆作为徽州历史上重要人物，我很早就开始关注，但由于缺少汪道昆的《太函集》，研究也就搁浅了，后来学校图书馆购买了《四库全书存目丛书》，我终于有机会接触这部诗文集了。但要在图书馆查阅资料却是很不方便，正当发愁时，2004年底黄山书社出版了这部《太函集》，是由安徽大学徽学研究中心标点、整理。此书的责任编辑徐力先生赠送我一套。在此表示深深感谢。

在纂写《徽州鸿儒汪道昆研究》的过程中，我多次下徽州寻访有关汪道昆的资料，到安徽省图书馆、博物馆查阅资料，并且购买了杭州大学徐朔方先生编写的《汪道昆年谱》。尽管这样，还是力不从心，感到资料的不足，同时也感到有许多疑难问题有待于研究和考证。譬如说：汪道昆出生年月日？任兵部右侍郎是在南京还是在北京？何时称"天都外臣"？又何时辞官归田？近几年又有人提出《金瓶梅》的作者就是汪道昆等一系列问题，这都给研究汪道昆的工作带来一定的难度。

本书无法对以上问题一一给出解决方案，仅作为对传主汪道昆研究的一块引玉之砖，期待方家的指正和力作问世。

作　者
2013 年 12 月于芜湖

目　录

前　言 ……………………………………………………………… 1

第一章　家世渊源 ………………………………………………… 1

　　第一节　徽州汪氏的起源 …………………………………… 1

　　第二节　起家于盐业 ………………………………………… 3

　　第三节　祖父传授古诗 ……………………………………… 5

　　第四节　迁居浙江杭州 ……………………………………… 6

第二章　为官从政 ………………………………………………… 8

　　第一节　与张居正同榜进士 ………………………………… 8

　　第二节　与戚继光同抗倭寇 ………………………………… 10

　　第三节　为胡宗宪冤案伸张正义 …………………………… 14

　　第四节　罢官回籍 …………………………………………… 18

　　第五节　与王世贞友谊弥笃 ………………………………… 20

　　第六节　在宦海中沉浮 ……………………………………… 27

第三章　文坛地位 ………………………………………………… 43

　　第一节　戏曲创作 …………………………………………… 43

　　第二节　统领新安诗派 ……………………………………… 46

　　第三节　推崇王阳明学说 …………………………………… 56

第四节 主张文学复古与革新 …………………………………… 62

第五节 天都外臣《水浒传序》 ………………………………… 69

第六节 汪道昆与《金瓶梅》 …………………………………… 75

第四章 徽商情缘 …………………………………………………… 81

第一节 徽州是商贾之乡 ………………………………………… 81

第二节 徽商具有"民本"思想 ………………………………… 85

第三节 徽商的儒、贾思想 ……………………………………… 87

第四节 关注徽商的命运 ………………………………………… 91

第五节 《太函集》中的徽商传记 ……………………………… 99

第六节 徽商的代言人 …………………………………………… 106

第五章 汪道昆研究评述 …………………………………………… 112

第一节 汪道昆研究成果 ………………………………………… 112

第二节 汪道昆文坛上的成就 …………………………………… 122

第三节 汪道昆的军事战略思想 ………………………………… 127

附录一 明通议大夫兵部左侍郎汪南明先生墓志铭 ………… 129

附录二 汪道昆传记资料 …………………………………………… 135

附录三 汪道昆生平活动简表 …………………………………… 150

附录四 汪氏家谱目录 ……………………………………………… 155

主要参考文献 ………………………………………………………… 196

第一章　家世渊源

徽州是个"山限壤隔"、"地狭人稠"的偏僻山区，从徽州人的来源来看，是一个移民的社会，且绝大多数移民是来自中原地区，其中一部分是中原的官宦，为了逃避战乱和兵燹迁居于此的。而古代的中原是华夏文明的发祥地，也是全国政治、经济、文化中心。历代迁移到徽州的名族，他们虽然失去了原有的特权，但找到了强化凝聚力的东西，那就是他们的宗族精神。

第一节　徽州汪氏的起源

在徽州汪、程、吴、黄、胡、王、李、方、江等各大族姓氏中，可以说汪氏是首屈一指的。那么汪氏又是如何迁移到徽州的呢？在汪道昆在《太函集》中这样说："吾宗出颍川，后著新安。"① 按照汪道昆的说法，徽州汪氏大族起源于颍川。相传春秋时期鲁成公次子名汪，长大之后，因为聪明敦厚，于是被封为上大夫，迁移至颍川（今河南境内），故有史书记载："封颍川侯，生而有文在手，曰汪，故名"②，这大概就是汪氏的始祖了。

鲁国汪氏的后裔，后来发展到山东和浙江两支汪氏，但历来

---

① （明）汪道昆：《太函集》卷 43《先大父状》，黄山书社 2004 年版。下引同书只注著者、著作、卷数。

② 汪大燮：《杭州汪氏振绮堂宗谱》卷 1《世系》，民国十九年版。

迁徙的幅度并不很大，播迁的范围也不很广。经过岁月的推移，汪氏所繁衍的路线主要集中在江苏、安徽、江西等地。到三国时期，汪氏家族在东吴出了一个名将汪文和，是汪氏在浙东支系的第三十一世祖，据《汪氏族谱》记载："为人多智略，膂力绝人"。汪文和曾参与镇压黄巾军起义，被封为龙骧将军，后东吴孙策表授会稽令，为躲避祸患，汪文和举家迁至新安扎下根来，聚族而居、繁衍成长，后发展为新安望族。

自从汪文和到徽州定居之后，汪氏家族在徽州过着农耕生活，几乎很少有人涉足官场。直到隋末唐初，汪文和第十四世孙汪华成为"徽州第一伟人"。

汪华，字国辅，一字世华，新安郡绩溪人，从小就失去父亲，家境贫寒。勤劳善良的母亲郑氏便将汪华带回歙县娘家，但时隔不久母亲也去世了，孤苦伶仃的汪华只好依靠舅舅生活，并拜南山和尚罗玄为师习武。随着时间的推移，汪华逐渐长大成人，后参加郡府官军，以英武智勇深得将士拥戴，后占据歙州，相继攻下宣州、杭州、睦州、婺州和饶州，建号称为吴王，六州在汪华掌权时赖以平安十多年。唐武德四年（621），汪华奉表归唐。唐高祖让汪华总管六州诸军事兼歙州刺史，封他为上柱国、越国公。贞观二年（628），奉诏进京，授为左卫白渠府统军。十七年（643）改忠武将军、右卫积福府、折冲都尉。十八年，太宗征辽，命其任九宫留守。贞观二十二年（648）汪华病殁于长安。

汪华在徽州生有九子，其后裔在境内遍布，故后人称"黟歙之人，十姓九汪，皆华之后"。歙、黟为汪华长子建和第八子俊之后；婺源、休宁、祁门为华第七子爽之后；绩溪为汪华第九子献之后。

汪道昆就是出生在歙县唐模汪氏之一支，其宗族认同主要限于唐模汪氏十六族，其引为同宗的士大夫仅有同属唐模汪氏的潜口人汪一中，他与汪一中有着叔侄相称的亲密关系。歙县唐模汪氏是一个在邻近地区发生分迁的宗支，宋代分化为六大族，明代共衍为十六族。宋淳熙五年（1178）唐模汪氏一支迁移潜口，但在唐模留有祖基地，后因往来渐疏，其祖基地"渐被地邻侵占"。嘉靖六年（1527）潜口族人在唐模祖基地建祠"奉祀汪村、唐模诸祖之主"①，建立了以汪村祖越国公汪华及唐模始祖思立公为中心的共祖联系，这种共祖联系成为汪道昆世族发展的脉络。

第二节　起家于盐业

汪道昆（1525—1593），明代著名的文学家、军事家，字伯玉，号南溟，又号南明、太函。

徽州是商贾之乡，外出经商的时间很早，大约在明代成化、弘治年间，徽州商人群体或商帮就称雄于世。徽商所经营的行业，可谓包罗万象，只要有利可图，几乎"无货不居"。盐、茶、木、典当是徽商经营的主要行业。陈去病《五石脂》载："徽郡商业，盐、茶、木、质铺四者为大宗。茶叶六县皆产，木则婺源为盛。质铺几遍郡国，而盐商咸萃于淮、浙。"② 汪道昆《太函集》也进一步指出："新安多大贾，其居盐策者最豪，入则击钟，出则连骑，暇则招客高会，侍越女，拥吴姬，四坐尽欢，夜以继日，世所谓芬华盛丽，非不足也。"③ 明张岱《陶庵梦忆》载："扬州清明……是日四方流寓及徽商西贾、曲中名妓一切好事之徒，无不咸集。长塘丰草，走马放鹰；高阜平冈，斗鸡蹴踘；茂林清樾，劈阮弹筝；浪子相扑，童稚纸鸢；老僧因果，瞽者说书；立者林林，蹲者蛰蛰。"④ 说明了盐商集中在两淮和两浙的经营活动以及豪华奢侈生活场景，也表明徽州盐商的经济实力和在

---

① （清）汪士惇：《汪氏惇本祠溯源宗谱》卷5《唐模汪氏遗基建祠图》，清刻本。
② 张海鹏、王廷元：《明清徽商资料选编》，黄山书社1985年版，第109页。
③ 汪道昆：《太函集》卷2《汪长君论最序》。
④ （明）张岱：《陶庵梦忆》卷5《扬州清明》，西湖书社1982年版。

行业中首屈一指的地位。徽州盐商的地位实际上构成了徽州商人在整个行业中的主体，可以说是商业的龙头，对徽州社会和文化的影响意义深远。

汪道昆出生于盐商家庭，祖父汪守义，字玄义，兄弟间排行第二。此时，也是我国封建社会由自然经济朝商品经济发展的历史性变革时期，盐业领域，由于开中盐法的实施和嬗变，出现了专业性盐商，其富者银数达十万或百万两之多。正如《歙志》称："邑中之以盐策祭酒而甲天下者，初则有黄氏，后有汪氏、吴氏，相递而起，皆由数十万以汰百万者。"① 徽人常说："吾乡贾者，首鱼盐，次布帛"。徽州人从事盐业贸易者甚众，按照明朝政府的有关规定，商人经营方式必须从腹地送粮至边仓，以获取仓钞，然后持仓钞赴盐产地运司换取盐引；再下场支盐，赴引地销售。这种经营模式，靠着政府政策，被后人称为"粗放式"经营，无须多大本领都能赚钱。正如汪道昆所言："公（汪守义）聚三月粮，客燕代，遂起盐策，客东海诸郡中。于是，诸昆弟姓十余曹皆受贾，凡出入，必公决策然后行。"② 可见，商人只要善于观察时局，把握时机，自然也就轻而易举的崛起了。汪守义人称"盐策祭酒甲天下"而名闻海内。

父亲汪良彬，生于孝宗弘治十七年（1504），卒于万历九年（1581），享年七十八岁。汪良彬不仅和父亲经营盐业，而且还兼学医。汪良彬并告诫其弟："史固有言，治生不待危身，取急则贤人勉焉，医是也。且百工老则废业，医老将益精，时起勉之，毋用史为也！"③ 在他看来，人老了所有技术专业都没有用了，唯独医学，越老越有经验。

---

① （明）张涛：万历《歙志》卷 10，万历三十七年刻本。
② 汪道昆：《太函集》卷 43《先大父状》。
③ 汪道昆：《太函集》卷 53《处士云溪吴公墓志铭》。

第三节　祖父传授古诗

汪道昆的出生，给这个商贾之家，无疑是带来了无限欢乐，也带来了无限希望。汪道昆自幼禀赋聪颖，在三岁时，祖父连生意都不做了，专心致志教育汪道昆。汪道昆成长在一个世外桃源单纯朴素的乡村，这其实对他是非常有利的。因为那些杂七杂八的东西他都看不到，可以安安心心地在品德方面学到一些东西。一个人品德基础良好，一生都会受益。祖父常常领着孙子徜徉乡里，教读《三字经》、《千字文》等这样一些很基本的东西，所授唐诗百首，汪道昆皆能成诵。李维桢《太函集·序》说："先生之文，上则六经，次则左氏内外传、《战国策》、屈、宋、老、庄，次则列、荀、《吕览》、《鸿烈》、班、范之书，昭明之选，凡十三家，法如是止矣。"中国有句古语："三岁看大，六岁看老"。就是说看一个人，三岁的时候，大概就能够看出他长大以后是什么样子；到了六岁的时候，就可以想象他老了以后是什么德品。汪道昆聪明好学，常"授书一目十行下"[1]，祖父也为之暗喜。由于汪家财大业大，再加上祖父在外与人交际甚广，所以常来拜访的客人络绎不绝，为了向客人炫耀孙儿的伶俐才华，并让汪道昆在客人面前背诵唐宋诗歌，常常博得祖父和来客开怀大笑，赞不绝口。

父亲汪良彬得知少时的汪道昆读书好学，深感欣慰，并引以为豪。汪道昆读书广泛，除了读四书五经之外，还好奇科举考试以外的杂书，尤其是曾一度"耽读稗史说部"，喜爱读一些野史稗官著作，常试作戏曲，爱好似乎偏离了科举考试的方向。父亲对这种行为非常生气，并严词禁止，从此，汪道昆将全部精力集

---

[1]　汪道昆：《太函副墨》卷末附《汪南明先生年谱》。

中到"科举本业"上。在当时，随着科举制度的影响日益深入人心，以科举及第与否作为"高下人物"的主要标准，已成为社会的共同心态。所以父亲也不愿意看到汪家的后代继续从事盐业生意，而是希望将来能"学而优则仕"。而戏曲剧本，在当时多是供没有地位的伶人们跳舞歌唱时用的，似乎有损在浙江都称得上"大贾"汪氏家族的尊严。这里有一段记载："公年十二，喜涉猎书史，父封翁禁之。乃中夜匿篝火胠箧诵读。时以文为戏，按稗官氏为传奇。封翁得而焚之，且杖曰：孺子不先本业，曷是为务？然私心已奇之矣。"① 这正是反映少年时代汪道昆读书出色，但又挺"邪门"的真实写照。

第四节　迁居浙江杭州

徽州地处万山丛中，山多地少，土地贫瘠，人口稠密，交通不便。素称"山限壤隔，民不染他俗"。就是说，处于万山环绕，而且在一个相对封闭的地理环境中，这种与世隔绝的地域形势，使其地居民很难与其它地区的民众进行沟通交流。一个人的身心能否得到发展和发展到什么样的程度，与所处的环境密不可分。"近朱者赤，近墨者黑"充分说明了这个道理。历史是面镜子，"孟母三迁"启示我们，环境可以造就一个人，也可以毁掉一个人的一生，环境的好坏可以影响人的一生。所以，汪良彬毅然决定带儿子汪道昆离开徽州前往杭州，这对汪道昆的前途和今后的发展都有好处。明代中期杭州已成为全国繁华城市之一，如繁密的人口，辐辏的商旅，畅达的交通。据成化《杭州府志》载："吾杭为东南江海重藩，会区土地之广，人物之众，物产之富，

① 徐朔方：《晚明曲家年谱·汪道昆年谱》，浙江古籍出版社1993年版，第14页。

贡赋之重，山川清淑，人物英明，宫室城池之壮，商贾货财之聚，为列郡雄。"① 到了万历时，杭州更为繁荣富庶，万历《杭州府志》载："杭故东南一大都会也。内外衢巷，绵亘数十里，四通八达，冠盖相属，即诸下邑亦襟联袂接，络绎不绝，民萌繁庶，物产浩穰，征于斯矣。所谓车毂击，人肩摩者，非耶用因旧乘稍详述之，以备观览。"②

此外，杭州还有浓厚的文化氛围，文人雅士多栖息于此。据《西湖志》载："山川间气笃生伟人，而人杰地灵，则山川复因人而增重。……西湖名流辈出，或选胜而来，或抱奇而处，山高水长，有令人流连向往而不能置者。"③ "笃生伟人"、"令人流连向往"、"选胜而来"、"抱奇而处"，这些都吸引文人骚客纷至沓来。杭州被誉为"东南第一州"，元朝时曾被马可·波罗赞为"世界上最美丽华贵之城"。良渚文化、吴越文化、南宋文化、元明文化汇聚杭州，也说明明代杭州城不仅商业经济繁荣，而且文化底蕴深厚。所以汪良彬将汪道昆移居杭州是一个明智的选择，而且自己有强大的经济做后盾，不惜千金一掷，延请名师来教育汪道昆。于是，汪道昆求学于当时享有盛名的"礼学大师"邵世德。中华民族自古以来就非常崇尚礼仪，号称"礼仪之邦"。古训曰："不学礼无以立"、"人无礼而不生，事无礼而不成，国无礼则不宁"，就是说一个人要有所成就，就必须从学礼开始。所以择礼学名师对汪道昆的成长是大有裨益的。

汪道昆初到杭州，思想和视野顿时感到豁然开朗，学习的氛围更浓厚，尤其是父亲汪良彬在商界交结的有名望的朋友、贤能豪杰、文人雅士，对汪道昆的影响也是潜移默化。

①　夏时正：《杭州府志·序》，齐鲁书社1996年版，第175页。
②　（明）刘伯缙：万历《杭州府志》卷34《衢巷》，齐鲁书社1996年版。
③　（清）傅王露：《西湖志》卷19《名贤一》，清雍正九年刊本。

第二章　为官从政

  汪道昆于 1547 年中进士，少年得志，堪称一帆风顺。初为义乌县令时，即教民习武，以备倭寇。后迁襄阳知府、升任福建兵备道，曾协助戚继光扫平扰闽倭寇，以功擢按察使，又任金都御史等，位至兵部侍郎，与王世贞并称"南北两司马"。

第一节　与张居正同榜进士

  汪道昆移居杭州后，在那里，他善于交际当地的贤能豪杰，目睹了父亲及其他徽州巨商"高堂而居，击钟而食，连骑而出"①的豪华排场。作为一名富商子弟，这些社会阅历对其日后待人处事，尤其是在学业上都有促进作用。再加上徽州的儒贾家族传统的影响，从小有祖父授诵唐诗、《论语》、《大学》、《中庸》、《孟子》、《三字经》等教化。父亲又十分重视对汪道昆的教育，管束严格，向其灌输修身养性的哲理，不希望汪道昆继承汪氏家族的经商祖业，而是凭借"家世饶裕"，希望他成材立器，有所出息，光耀门庭，走出一条富商之家的经商——读书——科举——仕宦之道。这就是所谓"易儒而贾，以拓业于生前；易贾而儒，以贻谋于身后。"② 这几乎是徽州富商们的共同心愿。他们希望子孙

---

  ① 汪道昆：《太函集》卷 71《孙次公征会记》。

  ② 婺源《三田李氏统宗谱·环田明处士松峰李公行状》，明万历四十二年木刻本。

"易贾而儒"，也并非全是求得做官，若子孙学贯古今，著述宏富，蜚声儒林，名扬海内，自亦能光宗耀祖。

当汪氏"家业隆起"之后，望子成名的心情便很迫切。因此延名师不惜重金，督课艺不避晨夕。汪道昆所师从的礼学大师邵世德，就是一位学识渊博，道德文章在当地享有盛名，在授业过程中，除了讲解礼学方面知识之外，还涉及诸子、百家和辞赋之学。这对汪道昆的学习，无疑是获益不浅。

嘉靖二十五年（1546）秋，汪道昆中应天乡试第九十名，这是人生一个良好的开端。在这一考试过程中，汪道昆这样写道：

> 冬夜拥一被，手和药丸，口读书不辍。丙午，余就乡试。先司马遣叔与俱。会悬乡书，叔往观，得余名第，徐步入坐，无所言。余笑曰："即不第，不失一诸生，何默默也？"叔蹙额徐应曰："第则第矣，然太卑。"卒无喜色。①

汪道昆不惧严寒时节，为了准备应天乡试，不分昼夜，刻苦读书，以博取功名。这在当时年轻人思想中，是最大的追求和梦想。

嘉靖二十六年（1547）春，汪道昆考取了进士，中会试第五十九名，殿试三甲第一百零七名。与后来权倾朝廷的张居正同榜。与汪道昆和张居正同中进士的还有一人颇值得注意，那就是后来叱咤文坛的王世贞。同科还有殷士儋、凌云翼、陆光祖、杨巍、宋仪望、徐栻、杨继盛。这一科有第一流的政治家、第一流的文人、立功边疆的大帅、弹劾权贵的忠臣，可算得人才鼎盛。汪道昆能考取进士，对于当时作为父亲的汪良彬来说，自然感到非常欣慰，在封建传统社会里，这毕竟是一件光宗耀祖的事情。

---

① 汪道昆：《太函集》卷53《处士云溪吴公墓志铭》。

第二节　与戚继光同抗倭寇

汪道昆二十三岁中进士，从此踏上了政治生活的大道，其仕途一直比较顺利。首辅夏言知汪道昆很有才干，便想将他罗致门下，被婉言谢绝。后被朝廷任命为义乌知县，接着又被任命为浙江乡试的考官，不到三载，调往户部（相当于现在的财政部），主管过税务，并奉命督工修缮北京城墙。在实际的任职中，他的领导才华得以彰显，既精于文治，又善于武略。为义乌县令时，息讼争，平冤案，被当地人称为神明。他教民习武，邑民多英勇善战。嘉靖三十六年（1557），时年三十三岁的汪道昆升湖广襄阳府知府，在襄阳为了防止汉江洪水暴发，曾主持筑堤一千余丈，被命名为老龙堤，造福了当地百姓。

汪道昆在福建期间，显示出非凡的用兵才能。中国和日本两国本来就是一衣带水，很早以来，两国人民就友好交往，但在明朝正统以后，随着政治腐败，海防松弛，由于日本国内形势的变化，酿成了倭寇严重侵扰中国沿海地区，特别是福建、浙江一带，时时受到骚扰。倭寇一般是指 13 世纪至 16 世纪期间活跃于朝鲜半岛及中国大陆沿岸的海盗。在倭寇最强盛之时，他们的活动范围曾远至东亚各地、甚至是内陆地区。倭寇的组成并非仅限于日本海盗，只是由于这批海盗最初都来自日本（当时称为倭国），所以被统称为"倭寇"。主要起因是日本内战中一部分武士（尤其是九州岛、四国地区）的领主被兼并，他们自己流离失所，大量沦为海寇，于是成群结队到中国沿海来冒险。

汪道昆来福建上任的第二年底，福建兴化府被倭寇攻陷，全福建为之震动。汪道昆紧急驰文闽浙总督胡宗宪求援。胡宗宪派戚继光率兵前往，汪道昆充任"戚家军"的监军。

戚继光（1528—1587），字符敬，山东牟平人。嘉靖中，任都指挥佥事，在山东备倭。他曾用"封侯非我意，但愿海波平"的诗句表达自己消除倭寇的决心和志向。

戚继光从山东调到浙江抗倭，他看到当地卫所官军不习战阵的弱点，恳请获准后亲赴"俗称剽悍"的义乌招募农民和矿工，用江浙"苦大仇深"的本地人，组织训练一支3000多人的新军。戚继光治军有方，教育将士要杀贼保民，严格军事训练，"教以击刺法，长短兵选用。"① 戚继光注意到倭寇的倭刀、长枪、重矢等武器的特点，排演自己创造的鸳鸯阵，"鸳鸯阵"法，此阵虽不大，通常十一人为一组，队长在前，后十人分为两列五行。第一行是一手拿盾牌、一手拿标枪的盾牌兵，第二行是狼筅兵，第三、四行是长矛兵，第五行是短刀兵。此阵法使长短兵器相互配合，大大提高了战斗力。

戚继光在浙江、福建抗倭时期，也写了不少格调高昂、充满爱国主义情怀的诗歌，如《韬钤深处》："小筑惭高枕，忧时旧有盟。呼尊来揖客，挥尘坐谈兵。云护牙签满，星含宝剑横。封侯非我意，但愿海波平。"这首诗言志抒情，透露出真挚的爱国精神，表达了他不为功名利禄，献身海防，平定倭寇海患的坚强决心。通过抗倭战争经历和磨炼，汪道昆和戚继光结下了深厚情谊。在兴奋和喜悦之时，汪道昆一连写下《戚将军入闽破贼赋十绝句》②：

一

秦川负固拥千群，汉节征师下五云。
西去不须司马檄，南来知是伏波军。

---

① （清）张廷玉：《明史》卷212，中华书局1974年版。
② 汪道昆：《太函集》卷120《戚将军入闽破贼赋十绝句》。

二

平明结束出辕门，西度关山落日昏。
不惜鸣鞭凌鸟道，愿从汗马答君恩。

三

秋夜汉军飞度江，行营双引碧油幢。
早闻比屋思归顺，为筑三城拟受降。

四

关河不见行人渡，瘴疠疑从杀气开。
共说弹丸凭地险，不知部伍自天来。

五

凉风初动缦胡缨，明月高悬都护营。
海上三秋传露布，天南五夜堕欃枪。

六

危巢已覆兰苕上，短服犹依雾树边。
但使孤城还贡赋，何须横海出楼船。

七

桓桓卫霍万夫雄，籍籍偏裨国士风。
蹈海斩关争效死，当场脱剑耻论功。

八

王师到处无荆棘，父老归来有故乡。
泽国妖氛沉断石，海天秋色见扶桑。

九

蝥弧影里青山暮，刁斗声中白露秋。
肯惜万金酬匕首，无劳千里问刀头。

十

戍士尚留夷部落，居人遥望汉旌旗。
穴中狐兔无多日，阁上麒麟莫后时。

　　汪道昆用感人肺腑之诗，客观而真实地描写了戚继光爱国爱民的抗倭精神，称赞戚继光是卫青、霍去病式的"万夫雄"。当然，在沿海抗倭的战争中，汪道昆是怎样协助戚继光、发挥何等的作用，明史有关材料并没有详细的记载。但我们在戚继光的《止止堂集》中，还是能看出汪道昆的功劳："初，继光以明命自浙至，适新安汪公整饬兵备，公时进继光谭东南事，意甚合……闽事方殷，非公治军旅不可。于是属公护军，又晋公按察使护军……"① 还有戚继光的《闽海纪事》中也称赞汪道昆在沿海平倭战争的功绩，从"整饬兵备"到"按察使护军"，汪道昆的抗倭战争功劳是不可抹杀的。

　　汪道昆和戚继光从御倭开始，建立起深厚的情谊。汪道昆《太函集》中的《宝剑篇》诗序道："壬戌之秋，元敬入闽三捷。偕余目击闽难，不歃而盟，则以良剑二，分佩之，所不徇闽者，如此杖。丙寅，余释闽事，戊辰元敬入朝，剑始合于虎林，信宿而别。壬申，余奉使大阅，再合蓟门。乙酉，元敬谢南粤入新都，三合于白榆社。乃今元敬已矣，故剑不知其存亡。余弹铗长歌，盖有感于和延陵季子云尔。"从序中，看到汪道昆与戚继光结成"不歃而盟"，其标志信物为"良剑二，分佩之"，其誓词为"所不徇闽者，如此杖"。汪道昆在福建抗倭前线与戚继光并肩战斗，"昼夜筹画，不枕戈者十有六日"，救沿海民众于水火。这种抗倭战争的决心，和关爱闽浙人民的疾苦，成为汪道昆和戚继光的首要重任，利国又利民。

---

① 朱泽：《诗剑之交——记汪道昆、戚继光的友谊片段》，《安徽史学》1984 年第 5 期。

第三节　为胡宗宪冤案伸张正义

戚继光和汪道昆取得抗倭战争的胜利，与时任闽浙总督的胡宗宪的大力支持是分不开的。

胡宗宪（1512—1565），字汝贞，号默林，徽州绩溪人，明朝抗倭名将。胡宗宪进士出身，先任益都知县、余姚知县，后以御史巡按宣府、大同等边防重镇，整军纪，固边防，为明王朝的边疆稳定作出了贡献。嘉靖三十年（1551），胡宗宪又巡按湖广，参与平定苗民起义。在胡宗宪踏入仕途这十多年里，他一步一个脚印地走来，政绩显著。他的从政经验和能力都毋庸置疑。嘉靖三十三年（1554）四月，世宗钦点胡宗宪出任浙江巡按监察御史。

嘉靖四十一年（1562）九月二十六日，汪道昆得知胡宗宪五十诞辰，特写《奉寿大司马胡公序》祝寿："夫大司马胡公者，则世所谓社稷之臣乎哉！自今上中兴，盖四十年所矣，海内兵革不试，疆事乃兴。大司马有文武材，往往以军功显。……大司马胡公以材重当世久矣，初，公为直指使，数以直言决策，名震京师。会虏急云中，则以公按云中。虏闻而改谋由蓟门入，公擐甲护云中，诸将却虏郊关。三苗数苦楚，楚不得休，公又以按部定楚。会岛夷龁龁吴越，当事者无尺寸功，上簿责且严，则又以公按浙。公出奇略，行反间，俘其渠率，举夷部歼焉。于是东南之民始得帖席。顷者流贼入江西诸郡，则又命公以节制平之。公以一身而系四方，盖若此其重矣。……古者五十始服官政，盖必得长年习事者而反任之。方叔元老，克壮其猷，固非虚语。公抱不世出之才，佐中兴之治，行年五十而勋业璨焉，此难以人力致也。盖天为社稷而生圣人，建中兴之治则必为社稷而生大司马，使之保盛治无疆，维岳降神，保兹天子。申伯、仲山甫是已。谓之天授，岂不然哉?"① 汪道昆的祝寿文，虽然有溢美之词，但都是史实，且字里行间，充满着佩服和尊敬。同时也是为了日后在官场上能够取得前程，想请这位同郡的老乡关照，这也是一个方面的想法。

同年，内阁首辅严嵩被罢官，其子严世蕃被逮。胡宗宪是由严嵩义子赵文华的举荐而屡屡升迁的，在朝中很多大臣的眼里，他属于严党。严嵩失宠，胡宗宪的处境也就岌岌可危。在新任内阁首辅徐阶的授意下，南京给事中陆凤仪就以贪污军饷、滥征赋税、党庇严嵩等十大罪名上疏弹劾胡宗宪。在徐阶直接操纵下，胡宗宪自然无力与其抗衡。世宗得知消息后，就下令将胡宗宪的一切职务悉数罢免，并将其逮捕押解进京。此时，胡宗宪已经站在了悬崖的边缘。陆凤仪弹劾他时所列举的罪名，任何一条都能定他个死罪。胡宗宪到京之后，嘉靖皇帝念其抗倭的功劳，网开一面，再次给了他一条生路。但是，胡宗宪的仕途终于到此为止了。嘉靖四十二年（1563）春天，胡宗宪带着无尽的委屈和不甘心回到了绩溪县的龙川故里。

胡宗宪本打算从此不问政事，在故里安享晚年。但是"树欲静而风不止"，胡宗宪想全身而退，然而他的政敌们却不想就此罢手，他们在等待机会。嘉靖四十四年（1565）三月，就在胡宗宪回乡快两年的时候，灭顶之灾从天而降。事情的起因还是离不开严氏父子。曾经协助胡宗宪抗倭的罗龙文犯罪被抄家，在对罗龙文抄家时，御史意外发现了胡宗宪被弹劾时写给罗龙文贿求严世蕃作为内援的信件，信中附有自拟圣旨一道。世宗闻听此事后大怒，对胡宗宪降旨问罪。这年十月，胡宗宪再次被押赴至京。在狱中，胡宗宪写下洋洋万言的《辩诬疏》，为自己进行辩解。可是《辩诬疏》递交上去后，却如同石沉大海，迟迟没有结果。

---

① 汪道昆：《太函集》卷10《奉寿大司马公序》。

胡宗宪彻底绝望了，十一月初三日，胡宗宪写下"宝剑埋冤狱，忠魂绕白云"的诗句后，自杀身亡，时年五十四岁。

汪道昆获悉同郡老乡胡宗宪被逮入天牢，自绝于世后，深感悲愤，认为胡宗宪不过是官场斗争的牺牲品，他在作《冬日山村十首》①其四云"忆昔从司马，长杨较射熊。霓旌千骑出，天纲四隅空。文岂相如似，时应汉主同。只今飞鸟尽，好为韫良弓。"在汪道昆眼里，胡宗宪是一个文武全才的人。虽被贬职故里的汪道昆，仍不忘记为胡宗宪申冤。胡宗宪的幕僚沈明臣作《孤愤集》想请汪道昆作序，汪道昆当然不会放过这次机会的，序中说："胡司马有社稷功，中憾者，卒死请室。今上毕录先帝故臣功状，置司马不以闻。司马藁葬山中，诸门下士若故人无一至者。沈山人为司马诔，则自四明走墓下哭之。"并且继续说到："于是山人过不佞，相与登舍后山，出司马诔读之，四坐愤发。不佞起长跽，进曰：我国家倚办东南，不啻外府，天胙司马，幸不蔑东南，此所谓社稷功也。高皇帝以八议释有罪，必先议功。先帝故尝多司马功，死司马，非先帝意也。即司马亡论已，奈何伤先帝之明。不佞先帝旧臣，愿为山人寿。"②汪道昆心里知道，害死胡宗宪并非是嘉靖皇帝的意思，而是首辅徐阶为了排除异己而置其死地。他看透了官场的黑暗，看破人心的险恶，从而也想就此隐居深山，做一个平凡的隐士，过着平凡的生活，生活在自己的人生准则当中，生活在自己的人生追求当中，像陶渊明那样，过潇洒的避世"躬耕自资"的生活。

汪道昆虽被罢官在故里，经过岁月的推移，时间转眼就到了万历十六年（1588），汪道昆已是六十四岁的人了，但他仍然念念不忘胡宗宪冤案。为了胡宗宪恤典进言，他想到了时任内阁权

① 汪道昆：《太函集》卷109《冬日山村十首》。
② 汪道昆：《太函集》卷21《孤愤集序》。

位仅次于首辅的第二重臣许国。许国为人清正廉洁，学识渊博，在朝廷内外树立了良好的形象，深得神宗皇帝的信任和褒奖。汪道昆写给许国的信中说："不佞道昆，越在草莽，何敢与朝廷之议，于威福之权。第吾乡故有任事之臣，功浮于罪，时蒙世祖见察，迄今未白其冤，此亦相公之所习知，乡常之所深隐者也。第威福自天子出，无敢嗫嚅而吐一辞。幸而政府直道赞襄，虚心容纳，无幽不阐，无枉不伸，凡诸疆事未修，躬行无缺，藉令在辟，犹追录之。盖将以惟尽劝忠，以瑕疵弃过者也。当胡少保在事，东南岌岌乎殆哉。彼其以五饵饵夷，以五间间夷，成则上功，否则无赦，一反手耳。于时事由中制，政以贿成。少保内不顾身家，外不顾毁誉，上不避刑戮，下不避猜疑。如将以糜费结纳而绳墨之，固多小过。卒之敌如就縻墨，如受异荡，平底绩，遗东南数千里之安，是曰愚忠，其愚不可及也。……少保之功独优，其受法尤烈，不佞有怀肮脏，敢哆口而一申之。……"①

汪道昆的信，字字句句都在为胡宗宪鸣冤，为其伸张正义，万历二十四年（1596），江西道监察御史朱凤翔也上书为其讼冤，并谋求对其后代的恩荫，即获得了明神宗的批准，胡宗宪的冤案才得到彻底平反和昭雪。

《明史》评价胡宗宪"多权术，喜功名，但性善宾客"，招致东南许多人才为其所用。这也是他平倭能有所作为的原因之一。他与奸相严嵩关系密切，因此遭人批评。他最后也是因受严嵩败落牵累而死于狱中。《四库全书》在由胡宗宪发起编撰的《筹海图编》一书提要中说："盖其人虽不醇，其才则固一世之雄也。"有人甚至将胡宗宪当作戚继光、海瑞等人的反面陪衬，其实是很不尊重史实。但此人功过，早在明末民间更有中肯的评论：

① 汪道昆：《太函集》卷104《许相公》。

胡少保（胡宗宪）用尽千方百计、身经百十余战，剪灭了倭奴，救了七省百姓，你道这功大也不大！如今现现成成享太平之福，怎知他当日勘定祸患之难，不知费了多少的心血！后来鸟尽弓藏，蒙吏议而死，说他日费斗金。看官，那《孙武子》上道："兴师十万，日费千金"。又说道："重赏之下，必有勇夫。"征战之事，怎生铢铢较量，论得钱粮？又说他是奸臣严嵩之党。从来道，未有权臣在内，而大将能立功于外者，所以岳飞终死于秦桧之手，究竟成不得大功。英雄豪杰任一件大事在身上，要做得完完全全，没奈何做那嫂溺叔援之事，只得卑躬屈礼于权臣之门，正要谅他那一种不得已的苦心，隐忍以就功名，怎么絮絮叨叨，只管求全责备！愿世上人大着眼睛，宽着肚肠，将就些儿罢了，等后来人也好任事。有诗为证：

> 鸟尽弓藏最可怜，到头终有恶因缘。
> 扫除七省封疆乱，听我高歌佐酒筵。[1]

《西湖二集》是一本平话小说集，其来源是民间说书故事，反映的是当时社会的民情民意。它与文人们编写的皇家档案一样有历史价值，并且在某种程度上说得更准。

第四节　罢官回籍

汪道昆第一次罢官回籍是在嘉靖四十五年（1566）。据《明实录》云："右春坊右中允陈谨守制家居，会家人与卫军相殴，谨出解之，为梃所伤，卧病月余卒。时都御史汪道昆巡抚福建。

---

[1] （明）周清原：《西湖二集》卷34《胡少保平倭战功》，明崇祯刻本。

南京给事中岑用宾闻之，因劾道昆先任监军副使，以酷刑激变，又素行贪污不检，众心不附，故虽以抚臣之威，不行于士卒，益养成桀悍之气。白昼大都之中，贼虐近臣，恬不为怪。请亟罢道昆，然后按治诸骄军以法。疏入，上从部议，罢道昆回籍听调，而令福建巡按御史陈万言召捕首恶把总曹一麒等。万言以属监军副使金渫。渫恐生变，乃白万言，待一麒获客兵归日捕之。一麒等乘间脱身亡，久之不获。万言以闻，渫坐夺俸一月。"[1]

从以上的弹劾内容来看，汪道昆的主要罪名是"酷刑激变"和"贪污不检"。欲加之罪，何患无辞。要想治汪道昆，就要罗织贪污罪名，而汪道昆在回归故里时，行囊空虚，两袖清风，只有一身为国报效的骨气。所有的俸禄皆以养士用尽，而汪道昆的祖辈都是盐商大贾，家财万贯，又何必走贪污这个下策，显然贪污的罪名是恶语中伤，不能成立。另外，说汪道昆监军不力，"不行于士卒，益养成桀悍之气"。汪道昆武略超群，治军有方，对于那些违反军纪之士，必绳之以法，以法治军。汪道昆被冤枉去职，心里总是难以释怀，因而许多好友对他以各种方式进行慰问。好友王世懋也来信慰问汪道昆说："不佞兄弟块伏闾井，阔于朝籍之登降。偶缙绅者过而谓曰：若知汪中丞事乎？已被飞语闻上矣。惊愤弥日，倾耳后命。知庙议终惜公，而不能甚夺于言者之口，竟以调论……不佞兄弟大欲买舟相慰，幸一接颜色，缘先魄未宁，慈白在望，终以远游为戒。"[2] 王世懋是王世贞之弟，而王世贞又是汪道昆的挚友，其来信慰问汪道昆也是情理之中。

当年的同盟好友戚继光得知汪道昆"以人言去"、"回籍听调"的消息后，有感而作《纪事》："十年荼毒悲闽徼，壬戌扬旌岊水湄。剑倚秋风平剧垒，帆悬涨海聚新夷。翻思往日同盟地，

① 徐朔方：《晚明曲家年谱》，浙江古籍出版社 1993 年版，第 34 页。
② （明）王世懋：《王奉常集》卷 32《汪中丞》，明万历刻本。

何似中流击楫时。报国志酬民恨雪，艰虞此意更谁知?"①

诗中回顾了在闽抗倭的历程，追怀与汪的"往日同盟"，对汪道昆有功却被诬罢官寄以深切的同情。同时，表明自己率军抗倭是志在报国、为民雪恨，但是朝廷当政的权贵又怎能理解抗倭前线官兵的艰辛呢?

第五节　与王世贞友谊弥笃

汪道昆热衷古文学，提倡古文，这与他受李攀龙、王世贞等人古文辞活动的影响显然有着很大的关系。尤其是王世贞，以才华声气冠绝海内，独主文坛二十年。王世贞善诗，以声韵为主；好古文，多摹拟之作；才学富赡，文名满天下，在前后七子中最博学多才。《明史》称王世贞"才最高、地望最显、声华意气、笼盖海内。"他力主复古，所著《弇州山人四部稿》及《弇州山人四部续稿》近400卷，对当时文风有很大影响。王世贞登上文坛较早，早已是后七子的领袖人物。而汪道昆出道较晚，其文学才华还远未达到王世贞的地位，但其知名度在当时也还颇有一点影响。毕懋康在《太函副墨·序》中这样说道："国朝文章家斌斌代起，若搴大将旗、居然主坛坫者，则历下（李攀龙）、弇山（指王世贞）、太函（指汪道昆）其雄也。"② 这里将汪道昆的名位与李攀龙、王世贞相提并论，似乎有些夸大，然而汪道昆在文学圈中已颇有名声了，这可以说是个不争的事实。尤其是他的古文，幼时就从祖父受古诗，私塾功底较深，所以王世贞在《弇州山人四部续稿》中说："自伯玉（汪道昆）倡古文猇中，而猇中

---

① （明）戚继光：《止止堂集》，清光绪十四年山东书局刻本。
② 汪道昆：《太函副墨·序》，万历十九年刻本。

市人毋不为伯玉言者。"① 对汪道昆的作品，王世贞称："生平所
伏膺，文则伯玉；诗则于鳞。"说他一生当中，写文章的只佩服
伯玉（汪道昆之字）；写诗的只佩服于鳞（李攀龙之字）。

因汪道昆和王世贞都做官于兵部侍郎，兵部侍郎雅称少司
马，他们在当时又并称文坛"两司马"。汪道昆和后七子一样，
主张文学复古，他的诗文在"后七子"统治文坛之时，亦曾名盛
一时。早在此之前，王世贞写给汪道昆的信中说："世人方蝇袭
庐陵、南丰之遗"的文风，"顾为东西京言"，对其"心窃慕
好"② 同时又对汪道昆的古文评道："简而法，且有致"③，认为
汪道昆法古有道，得"古文"文辞技法精髓，称汪道昆的文章简
而有法，因而也大加推荐和称赞。从此以后，汪道昆声名大起。

隆庆二年（1568），王世贞于太仓接待了汪道昆和戚继光的
造访。当时王世贞因不堪忍受严嵩的迫害，已托病辞去刑部尚书
一职，回故里太仓专心著书立说。对这二位抗倭名将十二分的敬
重，见到二位来访，自然十分高兴和重视，一方面是因为汪道昆
在当时是有一定影响的人物，另一方面也是因为对方在文学趣味
方面和自己相近或相同。这次汪道昆和王世贞会面，王世贞是这
样记述的："俄而汪公避流言卧褀中，而戚公移镇蓟门，当北上，
方舟而过我，酤酪击鲜，为三日布衣饮。饮次，相与纵谈皇王帝
霸之略、阴阳消息之妙，探坟索，穷六艺，下至齐谐、虞初之所
不载者，靡不抵掌而尽之。"④ 从上面引文中可以看出他们相互之
间言谈之快畅和融洽，涉猎的内容也很广泛，谈天说地，谈艺论
文，几乎无话不谈，彼此都敞开心扉，交流思想，切磋古学，这

① （明）王世贞：《弇州山人四部续稿》卷182《潘景升》，明万历刻本。
② （明）王世贞：《弇州山人四部稿》卷118《答汪伯玉》，明万历刻本。
③ （明）王世贞：《弇州山人四部稿》卷150《艺苑卮言七》，明万历刻本。
④ （明）王世贞：《弇州山人四部续稿》卷34《寿左司马南明汪公六十序》，明
万历刻本。

对汪道昆以后在文坛的发展大有裨益，也增强了他们彼此间的友谊。

王世贞是明代中叶的文坛盟主、史学大家，时人奉其言行为圭臬，影响远播邦外。他著有《弇州山人四部稿》174 卷，《四库全书总目》称："考自古文集之富，未有过于世贞者。"① 书成之后，王世贞请汪道昆作序。对此汪道昆倍感荣幸，因为王世贞在文坛的地位和影响力都远远超过自己，序道：

> 儒者雅言，三代代兴如错行，秦其归余也。汉与宇内更始，时为履端。文帝虚己下人，贾生崛起，进之陈说国体，退之祖述楚辞，有开必先，此其嚆矢。武帝孳孳文学，多士应感而兴。两司马为之擅场，左右并建，汉臣自侈当世炳焉，与三代同风。概诸文献有征，则其人以也。由汉而下，归余于元。我太祖再造中国，咸与维新。孝宗虚己下人。与孝文之治同道，士兴勃勃，而李献吉以修古特闻。策事摛辞，成籍具在，方诸贾生，近之矣。
>
> 世宗以礼乐治天下，寿考作人，何可胜原。于时济南则李于鳞，江左则王元美，画地而衡南北，递为桓文。浸假与两司马相周旋，騑騑足当驷牡。夫得天者乘其运，逢世者挟其资。此六君子者，非有所待而后兴，非有所约而后合，天德王则从而王，世道隆则从而隆，千载一时，今为烈矣。顾两司马以作者命世，至今诵法不衰。后死者幸得与于斯文，殆亦瞠乎其后。一旦互执鞭弭，宁讵能方驾而驷之。窃惟尺寸异长，诗书异教，藉令夔典礼而龙典乐，将不耐不穷。何以故？所用非所长也。长卿之长，长于敷陈，诗教也。子长之长，长于纪述，书教也。就其偏长，莫不毕至。脱或求其

---

① （清）永瑢、纪昀：《四库全书总目》卷 172，中华书局 1965 年版。

具足，能无穷乎！善乎，元美之多于鳞也，其言曰"汉廷两司马，吾代一攀龙。"言兼长也。斯言也，上士然之疑之，中士骇之，下士闻而笑之，及于鳞之籍既传，则然者疑亡，骇者意下，笑者掩口退矣。于鳞役仆百家，睥睨千古。始得元美，欢甚："吾奈何从海内一当王生！"举世方以无誉惮于鳞，即元美无所用誉。

不佞三从元美问籍，元美犹然逡巡。及其葅四岳而籍始传，盖倍于鳞者六之五，其分部者四，其卷百八十，其策六十有奇。自昔成一家言，未有若此之富者也。北地亡而大道隐，于鳞桴而元美鼓之。闻者具曰：李、王千里响应。乃今二籍并著，其谁能左右之邪！于鳞与古为徒，祖三坟而祢六籍。其书非先秦两汉不读，其言非古昔先王不称，其论著非挟日不成，其逐射而当古人，非上驷不以驾。故片言出而人人自废，不则无言。元美上窥结绳，下穷掌故，于书无所不读，于体无所不谙。其取材也，若良冶之操炉鞴，即五金三齐，无不可型。其运用也，若孙武韩信之军。即宫嫔市人，无不可陈，无不可战；左之左之，无不宜之；右之右之，无不有之。则惟元美能耳。

大较，于鳞之业专，专则精而独至；元美之才敏，敏则洽而旁通；济南奇绝，天际峨嵋，语孤高也。大海回澜，则元美自道，不亦洋洋乎大哉！要以峨嵋之高，蟠于四极，恶在其不御！而三山雄峙瀛海，肩五岳如老更，即天假于鳞以年，终不暇乘桴而浮海。至若元美所陟，宁无蹑高天、俯积雪者乎！首赋若在，《上林》雁行，当代无两。比于载笔，学旧史氏如孙叔敖。其称诗著书，力敌于鳞，而富倍之矣。贾其余富，为说家言，则诸君子之所不遑，楚左史之所未觑者也。且也，病渴论腐，两司马以局蹐终。元美膂力方刚，幸而得谢，率履坦坦，绰有前途。由今而望崦嵫、不啻十舍。兹所就业，岂其税驾所哉！于鳞亟称易辞，日新之谓盛德。日新则高明矣，于鳞有焉。要以富有而日新，非元美不任也。斯言也，闻者不能无然疑，无骇笑，顾元美之籍传矣。以不闻闻者，庶乎先得我心。如或哜公孙为齐人，吾其引避之庄岳，以俟论定。①

从这篇序中可以看出汪道昆对王世贞才华的敬佩和推崇。序中以汉代司马相如及司马迁比拟李攀龙、王世贞，并称"于鳞之业专，专则精而独至；元美之才敏，敏则洽而旁通"。又谓世贞"上窥结绳，下穷掌故，于书无所不读，于体无所不谙"。这里虽然有恭维之处，但序确实写得精彩绝伦，以致王世贞"得序大喜"，并称赞道：将来天下读者纵然废除此书不读，也不会废除这篇序的！可见这篇序的价值和地位，能够得到王世贞如此高的评价，确实难能可贵。在以后的时间里，汪道昆和王世贞还有许多交往。万历十一年（1583）八月，汪道昆偕汪道贯、汪道会再度过访王世贞，后汪道昆作《沧州三会记》记述他们前后会面的经过。万历十四年（1586）春，汪道昆、潘之桓、龙膺相继过访王世贞。特别要说明的是从隆庆末王世贞主持文盟之后，与汪道昆及其集团的一些成员的交往次数增多，关系趋于密切。

万历三年（1575）六月，汪道昆告老归里，回到家乡歙县，并组织白榆诗社。据汪道昆《送龙相君考绩序》记"乃构白榆社，据北斗城，入社七人，谬长不佞，君御为宰，丁元甫奉楚前茅，郭次甫隐焦山，岁一至，居守则吾家二仲洎潘景升。"② 据康熙《徽州府志》卷2记录，白榆山在郡城东南郊，此社乃以山为名。《太函集》卷103《龙君传》中写道："江浙一二州皆地恶，

---

① 汪道昆：《太函集》卷22《弇州山人四部稿序》。
② 汪道昆：《太函集》卷7《送龙相君考绩序》。

独滁和广德为宜。悦然奉檄而南取道钱塘,一溯严濑,亦一大快事。王长公夙有白榆之约,秋以为期。仆欲订明卿、本宁、长卿、茂吴、元瑞诸君修西园故事,会长公有事堂斧,兹复下征书,计不果矣。疾甚即作此书,毛颖凡再三废其情状可知。"引文中所提到的"王长公夙有白榆之约",而且还邀请了明卿、本宁、长卿、茂吴、元瑞诸君。王世贞是否去歙县,学术界有不同的看法:一是王世贞根本就没有去过歙县,因为在王世贞的文集里从未提到过此事。而汪道昆的《太函集》中虽提到王世贞"夙有白榆之约",但没有具体的活动内容,何时来歙县,住了多久,又何时离开歙县,这些情况都没有详细的记载。二是在歙县地方文献中,又提到王世贞到过歙县,近代歙县学者许承尧在《歙事闲谭》就提到此事。

汪印苔《歙浦余辉录》记申时行归吴后,游新安,造许文穆,载惠泉数百瓮,舟达歙浦,见江水澄澈,潭不掩鳞,乃语人曰:"新安遍地惠泉也,奚以此为!"命悉覆之。至今故犹传其事。

又记徐文长游新安,登齐云,还浙,道中无一诗。至衢,乃自嘲一绝云:"系马梅花索酒时,溪山遥映酒家旗。如何每到堪题处,不解吟成一字诗。"

又载王弇州游歙,过千秋里,访汪伯玉,淹留数月。过潜溪,宿故友汪如玉家,赠以诗。又为如玉兄珩作传。续稿中有《与南溟肇林社唱和》诗。按:上申、徐二说,未知何本。张心斋潮作《洪嶘庵玉图歙问序》亦云王弇州先生来游黄山时,三吴两浙诸宾客,从游者百余人,大都各擅一技,世解有能敌之者,欲以傲于吾歙。邑中汪南溟先生,闻其至,以黄山主人自任,僦名园数处,俾吴来者,各个散处其中,每一客必一二主人为馆伴。主悉邑人,不外求而足。大约各称其技，以书家敌书家，以画家敌画家，以至琴、弈、篆刻、堪舆、星相、投壶、蹴鞠、剑槊、歌吹之属无不备。与之谈，则酬酢纷纷，如黄河之水，注而不竭。与之角技，宾时或屈于主。弇州大称赏而去。①

　　以上材料可以说，其一，汪印苔《歙浦余辉录》记载王世贞曾游歙县造访汪道昆，并停留数月之久，到千秋里，过潜溪，宿故友汪如玉家。其二，张潮作《洪愫庵玉图歙问序》中更加详细地描写王世贞游玩黄山的空前盛况，来自三吴两浙的百位宾客，他们都身怀绝技，琴棋书画，各有专长，这些人也都是当时社会名流。另外，《歙问》记载：文学家王世贞游徽州，随行的有江浙等地文人百余人，在徽州逗留数月。汪道昆以主人身份接待，安排住在各处著名馆园，每一位宾客都安排一二名徽州名士陪伴。以书法对书法，以绘画对绘画，乃至琴、弈、篆刻、堪舆、星相、投壶、蹴鞠、剑槊、歌咏之属无一不备，与之交谈，酬酢纷纷，如黄河之水，注而不竭。与之角技，各有输赢。王世贞大为称赞，尽兴而归。② 这些地方文献的记载并非子虚乌有之事，更不可能是捏造事实，也没有必要来编写王世贞来黄山的故事。因此，王世贞来歙县也正是汪道昆的邀请。汪道昆、王世贞在文集中不提此事也许是一种约定，或是为了避讳，都是在情理之中。

　　万历十八年（1590）十一月二十七日王世贞病逝，汪道昆闻知这一丧讯时，立即给王世贞的长子士骐（同伯）写了一封信，称自己"抚棺长恸"、"几至失声"等等，可见，汪道昆和王世贞的私交之深。而在王世贞临终前，却告诉家人，要他们把给自己

　　① 许承尧：《歙事闲谭》卷12《王弇州诸人游歙》，黄山书社2001年版，第413页。
　　② 翟屯建：《汪道昆》，《徽州社会科学》2008年第2期。

写墓志铭的事，托付给汪道昆，这也更加道出了王世贞对汪道昆"于文于友"两方面的极其信任。第二年闰三月，汪道昆前往太仓祭王世贞，并写《祭王长公文》，其中有：

> 昔在丙戌，长公祖不佞于昆山，申以前言，痛哭流涕，且曰：吾居有道之世，犹然务言逊以全交，律以至言，则上下千年，纵横万里，唯二三子。于鳞已矣，藉第令未艾，如两大何！乃今划宇内中分之，牛斗当析津矣。由前则鼎足，由后则鸿沟，寥寥于喝，幸哉！吾两人在伏雌而当鹄卵，越鸡安望鲁鸡？长公内我季孟之间，登我坛坫之上，平生知我者，唯长公一人。人之云亡，不吾知其亦已矣，第泰山梁木，如之何当我世而失长公。①

汪道昆的祭文很长，这只是其中的一部分，情真意切，"平生知我者，唯长公一人"，使人想起春秋时期的鲍叔牙、管仲二人友谊的故事，管仲曾叹说："生我者父母，知我者鲍子也！"文人墨客也说："伯牙不作钟期逝，千古令人说破琴"。汪道昆也深深感悟到，人生聚散无常，友情可以带来几许温暖，几多温馨。

第六节　在宦海中沉浮

汪道昆于隆庆六年（1572）升兵部右侍郎，万历元年（1573）升兵部左侍郎。关于汪道昆任兵部侍郎是在北京，还是在南京，学术界对此有不同的看法，特别是在光明日报"文学遗产"②专栏，连续刊登数篇有关汪道昆兵部侍郎任职地的讨论。

① 汪道昆：《太函集》卷83《祭王长公文》。
② 见《光明日报》"文学遗产"1983年597、617期，1984年624期。

　　这里要说明一下，为什么汪道昆任兵部侍郎有在北京和南京的讨论，这是因为"靖难之役"后，朱棣取代朱允炆当上了皇帝。明成祖朱棣的一个重要举措就是想迁都北京。一方面是考虑为了巩固北方边境安全，明朝虽然推翻元朝，但元朝的残余势力退至漠北，对明朝政权仍有威胁。南京虽处在长江岸边，但就显得离重要的北部边陲过于遥远了。另一方面北京是朱棣发家的基地，因为他长期在北京做燕王，那里更有利于自己的统治。为此，在永乐元年（1403），由于礼部尚书建议，把北平改为北京，迁都北京。明成祖认为，天子居北，正是居重御轻，可以加强北部边防，就采纳了这个建议。但是，朱棣深知迁都是关系到国家的大事，必须在充分论证的基础上，分阶段、分步骤地审慎行事。直到永乐十八年（1420），北京初步具备了大都市的规模，可以和南京相媲美了。而且北京的宫殿营建好了，明成祖下令迁都北京。经过了十几年的曲曲折折，明成祖终于了却自己多年的夙愿，完成迁都盛举。由于仍然有很多人反对朱棣迁都北京，所以作为一种折中的方法，迁都之后在原来的南京保留了一套行政机构。这样就出现了："道昆以诗文名海内，与太仓王世贞并称南北两司马"① 的局面。

　　那么，汪道昆任兵部左侍郎究竟是在北京还是在南京，金宁芬老师在《关于汪道昆的几个问题》② 这样论说道："《明史·王世贞传》明确说王世贞'起南京兵部右侍郎'"。王世贞既为南京司马，则汪道昆无疑当在北京，为北司马。并进行了一番的考证，得出结论是汪道昆在北京兵部任侍郎。另外，汪效倚先生《关于天都外臣——汪道昆》③ 一文，阐述了自己的观点，认为

---

① （明）杨洵：《扬州府志》卷51，万历三十三年刊本。
② 《文学遗产》1985 年第 4 期。
③ 《光明日报》1983 年 8 月 23 日，"文学遗产"专栏。

《国榷》载：（隆庆六年）"八月乙亥（甲寅朔），南京科道纠兵部左侍郎万恭、右侍郎汪道昆、前应天府尹邬琏、南京户部尚书曹邦辅，独调琏，余皆留。"① 粗一看，这最后一段文字中所说的万恭和汪道昆似乎任的是南京兵部之职。但是，结合前后文仔细推敲一下，就会发现，凡在南京任职者，其职衔前面，均标"南京"二字，以示区别。如"南京兵部尚书曹邦辅"之类。这段文字中，万恭和汪道昆的职衔前面，亦未标明"南京"二字，可见他们担任的乃是北京兵部之职。从以上的几位大家的材料观点分析，汪道昆任兵部右侍郎时，随世宗出入西内，管京营戎政，阅视蓟辽边务后回京具奏，都说明在北京。最近查阅了一些资料，也是可以佐证汪道昆任兵部左侍郎在北京，据《太函集》曰："据整饬易州、井陉兵备副使高文荐、刘世昌呈：蒙臣案验，及蒙总督蓟辽保定等处军务、都察院右都御史刘应节，巡抚保定等府地方兼提督紫荆等关、都察院右佥都御史孙丕扬各案验准，兵部咨该本部题前事合候命下本部，移咨阅视侍郎汪道昆，总督蓟辽保定侍郎刘应节、巡抚保定都御史孙丕扬、督行镇守参将兵备等官将，紫荆、倒马、浮图、峪马、水口、插箭岭等处一带边关。除边城照旧修理，林木照旧禁采外，仍于诸可通虏攻犯去处，酌量冲缓。"② 这里"移咨阅视侍郎汪道昆"前面没有加南京二字。另外谈迁《国榷》卷77载："南京翰林院侍读学士杨起元为国子祭酒，予故兵部左侍郎汪道昆祭葬给事中薛三才谓尝经内计拾遗不准谥。"同样，杨起元前加有南京二字，而汪道昆则没有南京二字。这都说明汪道昆任兵部侍郎是在北京。

是否有一种可能，汪道昆任兵部右侍郎在北京，而升迁为左侍郎是在南京。因为汪道昆的政绩越来越突出，地位也不断提

---

① （清）谈迁：《国榷》卷67，清抄本。
② 汪道昆：《太函集》卷90《经略京西诸关疏》。

高，是否权重影响到首辅张居正的不满，再加上文坛上已经很有地位，张居正便想方设法，要把汪道昆从自己身边排挤出去。这也是官场上一种惯例，叫做明升暗降。

万历三年（1575），虽说升迁兵部左侍郎才两年，汪道昆却突然第二次执意辞官回归故里。一方面考虑到父母皆为七旬老者，离世之日即在咫尺，趁父母在世时，多陪伴，也是尽自己一点孝心。另一方面内心有说不出的矛盾和痛苦，由于他的地位和影响，可能引起首辅张居正的不满，虽说和张居正是同榜进士，但在张居正心中，汪道昆仍然被视为"芝兰当路，不得不锄"，汪道昆因而选择远离是非，明哲保身，不惹麻烦的心态。这一点在汪道昆《太函集》中有多处明显流露出对张居正的不满情绪，虽然没有直接点明张居正，但字里行间还是能看到一些蛛丝马迹的。如《胡少卿墓志铭》中说"江陵（即张居正）专国"，《明二千石麻城丘谦之墓志铭》中说"论时政得失，江陵恚甚，立罢之。"另外，汪道昆也很清楚自己在位期间，曾遭到一些人的嫉妒和不满，如《致许相公》中说"自任恣睢，凤婴众恶"，《致李宁远》中说"功高见忌"，这些也可能是汪道昆辞官的原因之一。与此同时，汪道昆还看到了官场的腐败现象，特别是他的同乡胡宗宪的冤死，以及抗倭名将戚继光功勋卓著，却以贫死，这不能不令他感到毛骨悚然，他深深知道，宦海险恶，前途莫测，中途翻车的后果是相当可怕的。他在《再疏乞休》一诗中写道："君恩不为三投杼，吾道惟应再挂冠。纵是莵裘生事簿，江湖满地是渔竿。"① 凡此种种，汪道昆经过权衡，终于以"请假省亲"为名，离开官场，回到他阔别已久故里歙县。

汪道昆在歙县一方面与家人享受天伦之乐，另一方面出门游山玩水，拜望朋友，同时也进行一些文学创作，这也是汪道昆晚

---

① 汪道昆：《太函集》卷113《再疏乞休》。

年的人生寄托。万历六年八月，汪道昆母卒，他作了《先淑人状》：

　　万历六年秋八月乙巳，母淑人以天年终。越三日戊申，始成服。惟以内不孝道昆帅介子道贯，冢妇蒋帅介妇蒋，各就左右次，诸孙诸妇各次之，诸子诸妇次之，功缌又次之。门内袒免若门外，宗老负东墙，诸妾妇负西墙，家大人位灵几东南乡坐，叔父位家大人左西乡，惟以外亲党北乡西上。叔舅首焉，次者吴氏叔，次吴氏兄，又其次，则罗两甥也。男女仆各百余曹，蒲伏堂下，各就次，交相吊，各尽哀。家大人扶泣而语道昆："孺子毋嗷嗷为也。淑人业已在殡，论定恒于斯。异日者，将请于朝，待命而终大事。其必谒诸名世作者为传为碑为志若铭。庶几有当于一言，母且不朽。第陈其概，而后可以藉手。孺子图之。"

　　不孝仰天擗地而号，儿未获死所耳。淑人故病肺，每秋至，病甚辄眯而谵。及不孝得请归养三年，淑人幸无恙。是春始手战唇瞤，不孝以为忧。人谓里中长老往往有之，天年未艾也。夏四月，不孝昆弟皆病脾。于时卧病郊关，凡五阅月。日遣竖子问淑人安否？必曰安。问淑人起居，曰强饭，曰神益王，曰颜色益腴，曰饷曾孙，曰佐主人翁课租入。比凉风至，昆弟请期而归。家大人戒勿来，俟病良已。时不孝犹咯血，且疡于要，卒归如期，则淑人寝疾三日矣。竖子夙受淑人戒，匿不闻。至则淑人犹强超盥栉，坐房中。不孝既觐淑人，胡为乎母有病色，且深也。淑人自言，食味中肺乘，秋则不胜以为常。既而淑人察不孝瘠甚，骨崖然若翁，涕泣而私语家大人，大儿何骤至此。质明，病益，即良医，禁方递至递进，卒无功。天乎！天乎！病何由深，则不孝深之耳。不孝之罪滋大，独大人在，不能从母黄泉。……

　　叔舅起曰："淑人姊在，室宇知之。天不造，胡伯父珙蚤天，伯母汪年二十七而寡！惟是淑人姊始孩，伯母褓淑人姊而矢之，是呱呱者即女雏，他日可当吾室。既得封，司马辄许之盟。淑人姊方待年，志行怊怊如长者。年十六，既醮而归宁，诸姊妹皆自阃右归，竞膏沐。淑人姊持装如故，终不为冶容。……"

越姬何为家大人妾，事淑人四十年，则扶疾出中门，匍匐几下，痛哭曰："妾少无状，无能奉淑人欢。里俗操妾妇若束薪，什九不免。淑人幸宽妾，往往弃旧过而与更新。及伯仲皆受室，乃始异宫，而淑人愈益亲妾。辛酉疾几殆，甲子亦如之，淑人纳伯子言，则以家秉授妾。比来妾婴末疾，人或以斯疾而有后言。淑人依依然与妾俱，不为动。往者疽发背，妾且殊，淑人色忧，泣为之下，人以是益多淑人长者。……箧出余布，甚则彻月奉贷之。即不能偿，置勿问，盖数十年如一日也"。家大人曰："嗟乎！淑人之自女而妇、而姒、而母、而姑、而王母、而主母，惟内外征之，即疏属无间于所亲。其言具在，是可藉手以胥信史，孺子志之。"不孝唯唯。

这既是一篇祭文，又是一篇怀念母亲的文章。在汪道昆心里，母亲是一位慈祥、温柔、和蔼、含辛茹苦、任劳任怨、和蔼可亲的人。

母亲去世后，汪道昆一直滞留在家中照顾父亲。万历九年（1581）八月父亲去世，汪道昆又陷入悲痛之中，并写一篇悼念父亲的祭文《先府君状》：

孤自尚书郎请告以来，骨肉幸无大故，哭泣不及帷薄，缌功不及椑椟，历二十有五年，衎衎然二亲宁，百顺遂矣。戊寅八月，始丧我先淑人。于时先府君属孤状之，得请恤如令典。都人士以为希觏，荣且杀哀。先府君直以老而不偕，哀未杀也。逾年而丧，曾孙当户。逾月而介妇蒋暴亡。八月，诸子道耆未室而殇，烈女方死其难。十月，丧我叔父十府君。先是灾在剥肤，迄今，则手足戚也。十二月，丧我从叔父，十一府君。三府君并以甲子生，鼎足夑矣。又明年六月，丧我吴氏叔。先府君故急叔，晚最欢，故其丧从弟犹之弟也，丧内弟亦犹之弟也。八月丧宠人何？先府君故强，季年可当盛壮。宠人去侧，于是乎始鳏。盖递死递衰，衰而伤矣。九月，当户同母弟又殇，皆嫡孙无强妇罗出也。是月，次孤道贯始举庶子无央，先府君赖少安，神骎骎其将王。岁杪，则无强蒙内难，罗伏其辜。先府君咄咄而患自伤，持无强日夜泣。先是孤递病，先府君递忧之。次孤递病则忧，冢妇蒋病则忧，长孙无择病则忧，忧未歇也。岁首，无强病几殆，大以为忧，因而不寐者累旬，神益愦愦。七月丁丑未，疾大作，至八月庚子而殊。吾宗长老率诸亲戚闾里遍走群望，祷者千人。罗拜蓁祠下，皆曰：长庚翁长者，人愿各损三日以益翁，寿可增十年。无已，人各损一日以益翁，寿可增三年。凡二挟旬，其日庚戌，竟以子之半即世，呜呼哀哉！既帷堂，中外视向者少损，上之失，弟一，从弟一，内弟一。下之失，妾妇一，子妇一，诸子一，诸子妇一，孙妇一，曾孙二。盖先府君而无禄者十人，临者相向而哭失声，即倍向者不啻也。相者谓先淑人之丧，则以先府君之在堂也，孤状矣。乃今国有成事，将膏后命，以图厥终，愿辍哀状之。无将曰先母而后父。……

　　于时将分道绍介，东入吴，北入燕，而未发也。呜呼哀哉！先府君已矣。自大火而次盂陬，不及五舍，薄其藩而蹙之步，其天邪！人邪！呜呼哀哉！先淑人之弃梧梪，昭穆房皇具在，即天年少缩，而家步故舒。先府君后先淑人者三

年，恫瘝忧戚，备尝之矣。盖独当其成厄，何有于三年。生
我劬劳，斯其罔极。孤直将衔之五内，吁之九天，为拊膺，
为泣血，为擗踊，为号咷，又安能为状也。相者闻孤哭声，
则述之以告有位。皆曰："二孤纵纵当事，殆难为辞。征诸
畴昔之言，即无状而有状矣。"相者又曰"日者东首，始迁。
庭内聚哭，始复。门内亲哭，始含。举宗毕至而哭，始敛。
外姻至而哭，始殡。通家至而哭，在堂则尊，而有土者、有
爵者、有齿德者亲，而有知交者即位而哭，卑而受廛者、受
田者、受耤者、受赈者、负者、贩者、游食者、缁者、黄
者、诵义者、向利者、欲报之恩而无繇者，即序而哭。远而
素车至者，望乡而哭。近则行道之人望门而哭。其言纏纏而
尽，其声嗷嗷而悲，祝史识之，凡是皆状也。要以杂而不
越，无间于二孤之言，状具矣。"凡诸子姓婚媾，备先淑人
状中。道贯继室，以方府君命也。无择始举子，当时易名祖
咸，次举祖丰，法得并入。①

　　万历十二年（1584）汪道昆在家乡歙县组织白榆社。白榆社
的成员地域分布广泛，除了汪道昆、道贯、道会兄弟及潘之恒等
徽州人之外，不少成员则是从不同地区会聚起来的。陆续加入白
榆社的有俞翔、屠隆、徐桂、李维桢、朱多煃、沈明臣、章嘉
祯、周天球、俞安期、吕胤昌、吴稼竳、胡应麟、张一桂等，他
们大都是江南一带名士。令人注意的是，被延入此社之中的尚有
像胡应麟、屠隆、李维桢等这样一些原本为后七子阵营中的人
员，加上汪氏兄弟本身又和此阵营联系密切，汪道昆个人自不必
说，其弟道贯及从弟道会与王世贞等人均有私交，尤其是道贯，
所为古文词还得到世贞亲自指点，这也铸就了该社和后七子阵营

---

① 　汪道昆：《太函集》卷44《先府君状》。

无法脱钩的某种关联性。

这里值得重视的一个人物就是胡应麟。胡应麟（1551—1602），字符瑞，号少室山人，别号石羊生，浙江兰溪县城北隅人。他是明朝著名学者、诗人和文艺批评家，在文献学、史学、诗学、小说及戏剧学方面都有突出成就。他布衣一生，却广交天下，深谙浙东学术之真谛，吸取宇内文章之精华，身处偃塞而志坚若磐石，终为一代学术巨匠。万历十一年（1583）胡应麟能来访黄山，也是汪道昆个人的影响和文坛地位的作用。二人"片语定交，谊逾倾盖"①，对于这一位后进之士，汪道昆"齿诸国士"，曾经表示说："我思古人，实获我心。斯人之谓也。"深感在圈内结交了一位志同道合的好友。从胡应麟来说，接近汪道昆这位年长自己近三十岁而闻名遐迩的文学前辈，多少抱有几分期望获得对方提携援引的动机，不过，最主要的还是鉴于个人心仪的缘故。如其称汪道昆"无论文章殊绝，即人品度越古今"，对他文章与人品表示出深深的敬重。② 胡应麟入徽州拜谒汪道昆，被招入白榆社，他在返回后致汪道昆的信函里，专门言及此次"寻盟于白榆社"③，追忆与对方谈艺的特别经历："把臂谈天，挖扬今古，上穷羲昊，中核汉唐，下综昭代，制作污隆，体格高下，烨如悬镜，茅塞洞开。"④ 这其中议古成为了他们之间一项重要谈资，社内交流切谈的情形可见一斑。胡应麟还特请汪道昆为作《少室山房续稿序》⑤：

---

① （明）胡应麟：《少室山房集》卷12《入新都访汪司马八首序》，上海古籍出版社1993年版。

② 郑利华：《汪道昆与嘉、万时期文坛的复古活动》，《求是学刊》2008年第2期。

③ 汪道昆：《太函集》卷77《送胡元瑞东归记》。

④ （明）胡应麟：《少室山房集》卷113《自歙归再报汪公》，上海古籍出版社1993年版。

⑤ 汪道昆：《太函集》卷24《少室山房续稿序》。

元瑞籍诗三百篇，则元美序矣。概以当世二三作者，瑜不掩瑕。由前则推于鳞，由后则推元瑞，申之耳目无两，要以代兴。元美自信平生之言，于人无誉。及其修元瑞也，务入沈深出自然，期于质有其文，追风雅而薄汉魏。元瑞唯唯，遂辍经艺。罢计偕，时而卧游，揽百家，猎千古，称诗视故策等，抵孤序之。

初，学士盟葵丘而主于鳞，即元美争自下。孤独高于鳞而大元美，心窃窃未敢言。于鳞集既行，元美属孤为之序。孤时俟论宗，卒谢未遑。顷之，弇州四部稿成，孤始吐私臆，不敢终隐。元瑞起屡而从历下，放于琅琊，卒尸元美而祝之，以于鳞配，且言大成之尊柱下，亦犹元美之右于鳞。瀛海稽天，吞岱宗者不啻三五。不茹而吐，其斯为有容夫。以于越少年，直将排泰山，躏梁父，何嗷嗷也。齐吴更霸，鲁幸与盟。元瑞业已求多于一，匡鲁于何有。且也，元美藉藉元瑞，孤无庸赞一辞。其进元瑞者两端，其言具在。元瑞挟策固请，善言必三。

窃惟言志为诗，言心声也。吾道卓尔，惟潜心者得之。元瑞直以稽古而废明经，尸居而绝户屦，坐忘而冥合，官止而神行。其心潜矣，潜则沈深，自然之所飚出也，元瑞益矣。其曰刊锋藏巧，露其质木，此于元瑞何难！揆之天时，必时至而后可。盖天有至教，各以时行。不春不华，不秋不实。时有必至，天且不违。元瑞蚤岁之业则春也，吾见其巨丽，吾见其日新。及其壮也，春而夏矣，吾见其蕃滋，吾见其峻茂。过此以往，于时而秋，秋实告成，坚矣硕矣。改柯易叶，无用芬华，岁功毕矣。藉令如驰且尽，恶可凌节乎哉！元瑞待之，无所容尔力矣。

汪道昆这篇序，最为精华，有点睛之笔，就是"窃惟言志为诗，言心声也。吾道卓尔，惟潜心者得之。元瑞直以稽古而废明经，尸居而绝户屦，坐忘而冥合，官止而神行。其心潜矣，潜则沈深，自然之所繇出也，元瑞益矣。"这是说"心"之能"潜"至于"沈深"，而出"自然"之境界，臻乎此境主要在于"坐忘而冥合，官止而神行"；"潜心"而行，以发抒"心声"，实即更专注于一种自我精神层面的主观内在之体验。当然，既要合乎"成法"而不"倍古"，又注重以"心"为上的主观内在取向，如此落实在具体创作实践当中事实上并不是一件容易做到的事情，不过它至少反映了主张者表现在观念层面的一种理想期待。

汪道昆还为胡应麟《诗薮》、《少室山房四稿》作序，在《少室山房四稿序》中，汪道昆是这样赞胡应麟的学问文章"必求博而核，核而精，宜莫如元瑞。当之则千古自废，其诸搏扶摇而契溟涬者邪！其取材也无非材，其取法也无非法，能阖能辟，能玄能黄，能睢盱能萌芽，能倏忽能混沌，能雕能朴，能纯能常，能正能奇，能变能合，能王能伯，能侠能儒，左右无不有，无不宜，有之似之，固其所也。"①

汪道昆与他们结社，奖励推引他们，说明他们的志趣相近。胡应麟、屠隆等人的文学思想，实际上也反映了汪道昆文学思想。

汪道昆辞官在故里时，也曾与一位宣城人梅鼎祚交往。梅鼎祚（1549—1615）字禹金，号胜乐道人，宣城（今属安徽）人。自幼笃志好学，饮食寝处均不废书。16 岁为诸生，诗文名扬江南。梅鼎祚青年时代善交游，与戏剧家汤显祖为莫逆之交，擅长诗文古词，所作皆"骨立苍然，气纯而正，声铿以平，思丽而雅"。士大夫皆好之，有"诗文清雅"之誉。中年以后，专注诗文典籍的搜集编辑和戏剧创作，所作《玉合记》为昆山派的扛鼎

① 汪道昆：《太函集》卷 26《少室山房四稿序》。

之作，在中国戏曲史上具有一定影响。由梅守德（梅鼎祚父）所主持编纂的《宁国府志》，在贡安国、沈君典、梅鼎祚的协助下，于万历四年（1576）完成。其后，梅鼎祚前往新都恳请汪道昆为《宁国府志》作序，一方面想认识这位文坛领袖；另一方面想利用汪道昆的个人名气，来提高《宁国府志》的影响力。当梅鼎祚第一次见到汪道昆时，首先表达了对汪道昆的仰慕之情和恭维诚意，其次恳请汪道昆为《宁国府志》作序。汪道昆一开始并非想为《宁国府志》作序，虽然在此前也听说过梅鼎祚，并且说出了种种理由，尤其是以生病为理由婉辞。但是，梅鼎祚却死搅蛮缠，就是不肯离去，最终汪道昆还是为《宁国府志》撰序①。

> 高皇帝首征发佐，军兴宁国，若在关中河内。及建畿甸，若在左冯翊而辅南都。诏复民田先后凡六下，帝泽周渥，不啻登三辅而上之，非直以其民劳，抑其地重矣！郡故有成化癸巳志，盖什一仅存。其后六十年为嘉靖癸巳，建安李太宰出佐郡，从而修之。视旧多所芟夷，其文省矣，第涉太简，而信古者将无稽。
>
> 其后四十年，天子建元癸酉，南海陈使君出守是郡，惟兴废为孳孳，斋宿抵梅太中，以郡志请。太中家世受史，故以文献首郡中。俊惧旷日久而籍滋亡，是在掌故，太中敬诺，则式闾而下贡东平。昔太宰有事纂修，东平方以诸生受事，乃今与太中共此者，其惟东平。由是东乡而进诸孝廉，揖沈仲子君典，南乡而进诸博士弟子，揖梅叔子禹金，相语曰："两生才且并，以承家显，今兹之事，仆诚不足以致两生，太中在焉，两生毋让矣。"于是丙子首事，旬月而告成。使君绍介太中，幸然而教不佞。先之以君典，申之以禹金。

---

①　汪道昆：《太函集》卷22《宁国府志序》。

禹金之言曰："两生幸得交二仲，欢重以君侯，若家大夫命。今兹之事具在职方，以故越境而就正先生，先生序矣。"

夫郡之志亦犹乎国之史也。古者列国有史，世史职之，于是乎业不分，法不挠矣。乃今守相之视郡犹邃庐也，始入境风土谣俗不及知；即知之不及察；久之察矣，凡诸废置因革不及行；将载笔而籍之，日不暇给。藉令俭咨谋而疏考核，其足术也者几希！何所病之？病无征也。乃今缙绅学士视乡先生，都鄙所藏，视间史间府，其言不越乎丘里，宁讵非家至而日见之。顾琬琰相持，瑕瑜相掩，瑜而琬则冒然无当，瑕而琰则洒然目摄之。彼将幸得免于乡人，玉石糅矣。卒之声不中窾，其足术也者几希！何所病之？病不尊也。晋楚大矣，春秋以鲁特闻，仲尼志在《春秋》，其文则史，即匹夫用天子事，将安罪之！古今作者，无虑百家，而太史公最著。盖世守其业，斐然成一家言。班氏代兴，则其次也。

昔太中视学东鲁，凭轼而入乡射、邹峄之墟，概诸春秋，如亲奉教。叔子娴于文学，夫非龙门之徒与？且也，东乎笃于躬行，君典衰然首举，得人具矣。于时方议久任。使君居五载而政成，虽决策壹禀于使君，终不以长人而自用。幸而太中为政，二三君子左右之。上有尊而下有征，不求信于民，而民信之矣。往不佞守襄阳，将有志而未逮。顷年，有司志吾郡，不佞越在行间，今而后益知遇合之难矣。志为卷二十，图亦如之。为郡纪一、为表三、为志九、为列传十有五，杂纪一附焉。视太宰志，凡四倍之，备矣。而太中犹嗛嗛也，务自求多。成化志繁，嘉靖志略，是役也，事增而文未省，则余之咎也夫。夫天有诎信，地有翕辟，亦各以其时行耳。宛故饶形胜，玄晖、太白递宾之。自宋以迄于今，林林乎皆宛产矣。

我国家列在首善，承平余二百年，天运地灵，于斯为

盛。顾今章相之士，骨鲠之臣，赞持衡、侍交戟者，袨相接
也。异日者，挟风云，起岩穴，纷纷向用，何可胜原！时诎
而信，时翕而辟，天地且不能违之矣。其斯为群生之府乎！
时至而百志成。志之所由盛也，典谟约矣。《春秋》不以其
故贬经，《春秋》严矣，迁、固不以其故贬史。要皆笃于时
也。太中何嗛嗛乎！志曰"凫短鹤长"，不佞有味乎！其
言矣。

　　这是一篇很有价值的地方志序，除了对本书的颂赞之语，更
对沈懋学、梅鼎祚二人有所称誉。其后，汪道昆对梅鼎祚的称
扬，并非只是客套而已。在万历十七年（1589），他写信给当时
担任宣城知府的萧良誉，并在信中推荐梅鼎祚。书云："宛陵有
两生，一曰守箕，一曰鼎祚，皆博学好古，足破天荒。傥然物色
之，亦吴公之贾生也。"① 二人之间，从不熟悉到相互了解，发展
到友谊，在得知梅鼎祚补恩贡之后，汪道昆特作诗表示祝贺。
《寄赠梅禹金应贡北上》② 云：

　　　　凤昔陵阳穴凤雏，羽仪才见起榛芜。
　　　　椟中白璧宁论价，台上黄金已应图。
　　　　江路鱼龙迎画鷁，泽宫鸿鹄破雕弧。
　　　　长杨纵出连云骑，细柳那堪薄亚夫。

　　　　万仞天都控上游，君提三尺割鸿沟。
　　　　齐盟高跱当牛耳，汉塞雄飞属虎头。
　　　　帝里衣冠通宛洛，仙家剑履入瀛洲。

---

① 汪道昆：《太函集》卷104《萧宣州》。
② 汪道昆：《太函集》卷119《寄赠梅禹金应贡北上》。

比来碣石风波恶，莫向燕关问蒯缑。

第一首诗，汪道昆将梅鼎祚比喻三国时刘备帐下谋士庞统。庞统（179—214），字士元，襄阳（治今湖北襄阳）人，官拜军师中郎将。庞统才智与诸葛亮齐名，人称"凤雏"。庞统其貌不扬，却胸怀韬略，素有大志，他是东汉末年、三国之初可遇而不可求的怪才。同时将梅鼎祚比喻藏在椟中的白璧，也就是说，"白璧虽佳，奈何蒙尘；椟中明珠，还需慧眼。"对梅鼎祚有一种壮志未酬，怀才不遇之感。第二首诗是鼓励梅鼎祚要自强不息，努力拼搏，不要被前进中的险恶所困惑。以后汪道昆还为梅鼎祚作《古乐苑序》。

万历二十一年（1593）四月十九日，汪道昆在歙县故里，平静、安详，但也带有某些遗憾地走完了他的一生。作为明代历史和徽学研究的重要人物，《明史·汪道昆传》载：

> 汪道昆，字伯玉，世贞同年进士。大学士张居正亦其同年生也，父七十寿，道昆文当其意，居正亟称之。世贞笔之《艺苑卮言》曰："文繁而有法者，于鳞；简而有法者，伯玉。"道昆由是名大起。晚年官兵部左侍郎，世贞亦尝贰兵部，天下称"两司马"。世贞颇不乐，尝自悔奖道昆为违心之论。

民国《歙县志·汪道昆传》载：

> 汪道昆，字伯玉，号南溟、松明山人。以进士除义乌令，夜梦练衣人诉帘下，诘旦里正以妇自经告。曰：夫非衣练者耶？穷得其情，抵法，境内惊为神明。历武选司郎中，时李攀龙、王世贞、徐中行皆守曹郎，以诗文相唱和，皆争

下道昆。出守襄阳，多惠政。寻擢兵备福宁，悍卒拥胁，开府莫能文，道昆遽驰入军门，戮首事以徇，一军皆肃。壬戌，倭据横屿岛，沿海城堡相继陷，全闽大震。道昆走浙请援，督府胡宗宪檄总兵戚继光将浙兵八千往。于是道昆主画策，继光主转战，设奇制胜，沿海诸贼垒次第削平。馘斩六千余级，夺回男女辎重无算。幕府上功，赐金绮者三，超擢按察司使，特敕护八闽军事。旋晋右佥都御史开府。八府海寇剧，贼扫无孑遗，卒中忌口，请告归。隆庆庚午，起抚郧阳，旋迁副都御史，抚楚。晋兵部右侍郎，阅视蓟辽，裁革兵饷冒滥，岁省二十余万。转左侍郎，其议《辅兵疏》尤切。至计时，江陵夺情当国，遂乞终养。所著有《太函集》，祀郡邑乡贤。

　　《明史》和《歙县志》有关汪道昆的记载，可以说是一种敷衍了事，也没有还历史人物的真实面目，严重忽略了汪道昆在历史上的影响和在文学上的地位。随着徽学研究的不断深入，尤其是《太函集》和《太函副墨》的整理出版，特别是张剑的《略谈〈汪道昆墓志铭〉的价值》① 的发表，不仅增添了对汪道昆研究的史料，而且也弥补了其它史料的不足，有利于更加真实的了解汪道昆。汪道昆的事迹和史料逐渐被学者们重新认识，其影响也越来越大，越来越被世人所关注。

---

　　① 《河南教育学院学报》2008 年第 1 期。

第三章　文坛地位

汪道昆出生在一个商贾家庭，在政治上官至兵部左侍郎，是一个颇有影响的政治人物，作为一个商家子弟，他始终没有走出"贾而好儒"的徽州传统特色。众所周知，徽州文化以灿烂多姿、博大精深而著称于世。徽州以"东南邹鲁"驰誉遐迩，自北方士族迁入，带来了崇儒治学的家风，"十家之村，不废诵读"，文风昌盛。由于汪道昆在徽州文化方面受到长期熏陶，文学作品极为丰富，其在文坛上的影响和地位也凸显出来。

第一节　戏曲创作

在宋元南戏和金元杂剧两种不同戏曲基础上，发展衍化出包括传奇戏曲和杂剧的明代戏曲。传奇戏曲的前身是产生于浙江温州一带的南戏，是明代主要戏曲形式。元末明初五大传奇（《琵琶记》《荆钗记》《白兔记》《拜月亭》《杀狗记》）的出现，是杂剧时代向传奇时代转变的标志。据载，成化、弘治年间留下的作品较多，姚茂良的《精忠记》、王济的《连环记》和沈采的《千金记》较著名。

汪道昆在明代中后期文坛上名声很高，是"文坛五子"之一，所撰戏曲不负众望。《大雅堂杂剧》为汪道昆所著，共四卷，一卷一折短剧，分别为《高唐梦》、《五湖游》、《远山戏》、《洛水悲》。《高唐梦》是据战国时楚国文学家宋玉的《高唐赋》改编，写楚襄王游云梦，在梦中和巫山神女相会的故事。《五湖游》写春秋时越灭吴后，越大臣范蠡感到越王勾践不可共事安乐，乃携西施避居五湖的故事。《远山戏》写汉京兆尹张敞为妻子画眉的故事。《洛水悲》据三国魏曹植的《洛神赋》改编，写甄后鬼魂托名洛水水神和曹植相会的故事。剧作文辞清丽，细腻婉约，情趣盎然，雅俗共赏。

从上述四剧的内容可以看出：汪道昆的艺术目光专注于历史事件、历史人物和神话传说。从先秦时期的楚襄王和宋玉、范蠡和西施，到汉魏时期的汉宣帝和张敞、曹植和甄后，都和作者相隔了千年的历史时空。但也不难发现，《大雅堂杂剧》的人物素材和历史背景都没有超出"文必秦汉"的范畴，这也许是秦汉历史故事大多家喻户晓的缘故，能够让人了解和接受。如《高唐梦》中的剧情，"岁事悠悠转毂，世路纷纷覆鹿。人醉我何醒，莫待黄粱先熟。明烛，明烛，梦断巫山六六。酒阑人倦，厌听繁音。昔贤曾赋高唐，今日翻成下里。正是梦里寻真非是幻，曲终奏雅不须多。道犹未了，宋大夫早上。"表达了作者对追名逐利的世态鄙弃，以及对忠臣含冤而死的现实不满，如果醉酒可以让自己的真情毫不掩饰地流露，惟愿长醉不醒，以此来排忧解愁。更值得一提的是，《五湖游》剧中"落落淮阴百战功，萧萧云梦起悲风。齐城七十汉提封，弃国直须轻敝屣。藏身何用叹良弓，百年心事酒杯中。"历史是面镜子，昔日范蠡在帮助越王勾践打败吴国后便立即"挂冠"泛舟五湖，他对越王勾践的看法是"共患难易，共富贵难"。张良在辅佐刘邦平定天下之后便飘然远行。再看当朝朱元璋，重要谋臣朱升建议"高筑墙，广积粮，缓称王"三策，得到朱元璋的礼遇，在明王朝建立不久便"请老归乡"。洪武四年，一个文韬武略出众的政治和军事谋略家刘基也"归老于乡"。这些大臣，察时观势，功成身退，不仅是为了洁身自好，更重要的是为了以终天年和子孙计。而另一员重要的大将汤和，他是淮西人，和朱元璋是同乡，在元末农民战争中，南征北战，功勋卓著，就在满朝文武官员封官晋爵时，他审时度势，主动交出兵权，请求告老还乡。因为他对朱元璋性格、为人了如指掌。而没有离开朝廷的官员，就没有那么幸运了，"胡蓝之狱"、李善长冤杀，以及后来总共被诛杀的一万五千人。朱元璋导演了一幕历史上最残酷的"飞鸟尽，良弓藏；狡兔死，走狗烹"的悲剧。汪道昆正因为在现实生活中看到了隐伏在仕宦者身后的危机，对封建统治集团中"人情翻覆"、"鲸鲵流血"的现实表现了强烈的不满、抒发了怨愤悲痛的情怀，这也是他想急流勇退的原因。从表面上看，汪道昆的杂剧，代表了士大夫在官场生活之余，假戏曲创作以遣兴娱情的一种倾向，所以题材范围狭窄，多写文人风流雅事，缺乏积极的意义。但从内心深处，看到汪道昆矛盾的心情和复杂思想，官场沉浮，变幻莫测，进退两难。正如汪道昆说："嗟乎！生人受命于天，世亡论已。司理起楚，请言其方。汨罗之后，厥有长沙。其一倍世，其一逢世，卒之异世而同放，世无预焉。莫非命也，则亦莫非天也。理能得之所部，得之斯民，得之司功，一旦而失之在事。言有失也，必有以也。"① 可以看出，作者对文人命运及生存状态的关注。

《高唐梦》、《远山戏》、《洛水悲》所采用的是南曲，而《五湖游》则采用的是南北合套曲，剧中有独唱、对唱、轮唱、合唱；其剧开头都承袭南戏以末念词"开场"，用来说明创作旨意和剧情大意。在形式上突破了元代北杂剧的藩篱，而更多地具备了南剧传奇的特色。这些作品使人感到庄雅蕴藉，清新脱俗，主要是流露作者对现实的不满，但在形式上表现了封建文人追求安闲享乐的生活情趣。由于内容缺乏现实性和关目的平板、语言的过于典雅，它们一般不适于舞台演出，而仅仅成为文人案头欣赏

---

① 汪道昆：《太函集》卷85《闵世》。

之作。由于各人的观点、立场和思维不甚一致，对其的评价，也存在差异。明代戏剧理论家吕天成在《曲品》中称赞汪道昆的剧作，具有"清新俊逸之音，调笑诙谐之致，"是为曲之上品。祁彪佳是明代著名戏曲理论家，其《远山堂剧品》将汪道昆四剧列入"雅品"，赞其"庄雅不群"，"巧于传情"。而沈德符认为，虽文词清丽委婉，但戏剧性不强。所以，在《万历野获编》中批评汪道昆"都非当行"。

《大雅堂杂剧》的版本有三个，一是明万历年间新安原刻本，一是明崇祯年间《盛明杂剧》初集所收本，二者内容和形式大抵相同，曲目俱全，明显的区别在于前者剧名既标全称也标简称，后者仅标简称，且略有不同。如《高唐记》作《高唐梦》，《五湖记》作《五湖游》，《京兆记》作《远山戏》，《洛神记》作《洛水悲》。至于第三种，乃万历时人胡文焕编的《群音类选》所收本。由于选本体例关系，这一类只有曲文，而无宾白，难称全璧，但流传较广①。

第二节　统领新安诗派

明代嘉靖中期以后，以李攀龙、王世贞为核心创立后七子派，倡导文学复古。从而高举复古之旗帜，将复古主义诗学又推向了新的高潮。虽然后七子名望颇高，但在诗学理论和创作方面的成就都不是很突出，也无创新之处，刻意模仿汉魏古乐府诗和盛唐以前诗，缺乏创作力，其创作实绩不敌前七子。到隆庆、万历之际，以徽州为中心的新安诗派兴起，而这个新安诗派核心人物便是汪道昆，也是新安诗派的创始人。新安诗派的形成与明代中后期徽州商业文化的发展有着密不可分的关系。明代文坛大家

---

① 　徐子方：《汪道昆及其杂剧创作》，《学术界》2003 年第 6 期。

李维桢称道："新安人故善贾，至于今，冠带衣履天下而因以贾名。名美者莫如'立言'于时，'立言'之士竞起矣。自汪司马伯玉以能言名天下，天下争附之。而新安人以司马重，即号能言者往往在司马法中。"① 徽州商贾在明代开始崛起，伴随商贾出生的文人墨客也开始陆续地登上文坛，贾而好儒，蔚然成风，这也是徽州商业文化的独特具体表现。汪道昆曾这样说道："新都三贾一儒，要之文献国也。夫贾为厚利，儒为名高。夫人毕事儒不效，则弛儒而张贾；既侧身飨其利矣，及为子孙计，宁弛贾而张儒。一弛一张，迭相为用，不万钟则千驷，犹之转毂相巡，岂其单厚然乎哉，择术审矣。"② 汪道昆对儒贾的分析是耐人寻味，这种"儒贾"、"贾儒"的模式，事实上却相辅相成，相得益彰，儒商结合，既意味着一个人儒贾兼治，也体现在诸子中业商、业儒的分工，有的经科举而官宦，这对徽商的事业是大有裨益的。明代官员、散文家归有光就曾经这样说："今新安多大族，而其地在山谷之间，无平原旷野可为耕田。故虽士大夫之家，皆以畜贾游于四方。……（程氏）并以诗、书为业。君岂非所谓士而商者欤？"③ 明代徽州社会家庭儒贾结合相当普遍，汪道昆家庭就是一个成功的例子。汪道昆就是出生在这样的商贾之家，祖父汪守义经营盐业而发家致富，可以说是腰缠万贯，时称"盐荚祭酒"。父亲汪良彬也继承父业，所以将业儒的希望寄托在汪道昆身上。祖、父二人不希望汪道昆再走商贾之路，而是盼望汪道昆习举业以扬名。在汪道昆三岁时祖父就教其唐诗，这为日后汪道昆创作诗词奠定了基础。

明代中后期，商品经济空前发展，随之思想文化也出现了显

① 李维桢：《大泌山房集》卷13《苏堂集序》，齐鲁书社1997年版。
② 汪道昆：《太函集》卷55《诰赠奉直大夫户部员外郎程公暨赠宜人闵氏合葬墓志铭》。
③ （明）归有光：《震川先生集》卷13，上海古籍出版社1981年版。

著变化。但传统文化仍处于强势地位，传统观念十分顽固，儒家思想对商人的蔑视甚至是鄙薄依旧浓厚，觉得商不如士的也大有人在。以传统观念来衡量自己，商贾感到尤不自信而承负沉重的心理压力。在旧文化的逼迫、挤压下，他们随时都在努力改变自己的商人形象，向传统思想屈服，甚至迎合、妥协，曲折地使自己得到社会认可，于是走科举之路。在这种时代背景下，新安文学呈现出繁荣昌盛局面，也构成了在这一时期以徽州为中心的新安诗派的兴起。汪道昆自然成为新安诗派盟主，并组织丰干社、白榆社，一时间新安诗派人才济济。他们主要成员有：汪道贯、汪道会、潘之恒、潘纬、陈守友、王寅、汪维、吴守淮、程子虚等。

汪道贯，字仲淹，生卒年不详，博闻强记，工词赋，尤善书法，汪道昆之弟。与兄汪道昆一起组织丰干社、白榆社，并广交诗界朋友，与道昆、从兄道会在当时合称"三汪"。

汪道会，字仲嘉，道昆从弟。民国许承尧的《歙事闲谭》是这样记载："汪道会……著《小山楼稿》。与汪仲淹道贯，称'汪氏二仲'。天启中，寺人刘朝用以矿事至新安，群不逞翼之，议代塚夷居，群情恟惧。道会轻身往说之，朝用为所动，他去。全郡以安。"① 后与潘之恒交往甚密。

潘之恒（1556—1621），字景升，号鸾啸生，冰华生，歙县岩寺人。出生商人家庭，少年以古文辞受知汪道昆。明嘉靖年间，官至中书舍人，得汪道昆保荐，入"白榆社"。两试太学未中，从此研究古文、诗歌，恣情山水，所过必录。与汤显祖、沈璟等剧作家交好。汪道昆《赠潘景升北游序》云：

都人士代兴者，吾尝以锥末得景升。景升结客而游，游

---

① 许承尧：《歙事闲谭》卷 8《汪仲嘉程葛人佚事》，黄山书社 2001 年版。

将害业。业在博士，尚安事游！第负一笈，踞三山，抱机终年，焚舟借一。傥然得当羔雉，委质尚方，得志而游，游未晚也。景升敬诺，宿春粮而谒行。及之虎林，系东家之子，期月不发。明年试胄子殿，景升既归而惭自伤，吾何以面司马！

余谓景升勉矣，毋以厉揭为浮沉。子好游观，第务其大者耳。蝌蚪游于勺水，即溟涬何加；海运鹍鹏，六月一息，不自知其洋洋也。彼其涸辙之枯耳，胡然以天帝飨之。汉臣之赋诸都，巨丽极矣。我文皇帝建都北极，宸恒岳而镜沧溟，庭嵩屏衡，左右泰华，三关捍其北，万国觐其南。自昔建置以来，历年千计，三五而下，未之前闻。由江淮达河济，经碣石，入尧封，以此命游，则大游也。其间通门广路，清庙明堂，煌煌上都，亡论已。于时四辅在朝，群材在列，闳儒在幄，良将在边。下之则郭、乐、荆、高，登台藏市，林林总总，何可胜原。至若修成合欢，凛不可睨。要以尊者摇狄，卑则狭斜，燕婉便娟，自不及瞬，观光上国，则大观也，吾子宁有意乎！客言景升一寓目而目成，如此乎其蛊之易也……焉得人人任也。厌而自废，其谋必更，虽有夷光，无庸属目。故得一国色，孰如得一国士为贤；得一贤豪，孰如得一作者；得一班、杨、鲍、谢，孰如得一贾生；得一持文墨议论之臣，孰如得一名世之数者。上都其薮也，扶摇九万，下视苍苍，其斯为天游，景升勉矣！①

潘之恒曾从事《盛明杂剧》的编校工作。撰有《叙曲》、《吴剧》、《曲派》等剧评，均收入《亘史》、《鸾啸小品》两集中，撰有诗集《涉江集》。晚年，与黄山结下不解之缘，在黄山

---

① 汪道昆：《太函集》卷7《赠潘景升北游序》。

汤泉附近建"有芑堂",广邀宾朋、名人游黄山,使黄山知名度大大提高。

潘纬,字仲文,一字象安,歙县人,家于白岳之下。万历中,以赀官武英殿中书舍人,归田以后,有《养疴》、《游淮》、《园居》诸集。汪道昆《潘象安诗序》曰:"象安年十三而称诗,故其才俊。既薄诸生,屏经艺,故其用力益专。三人者交誉象安,名隐隐起。会淮南李公执政,开东阁以延象安。始闻象安诗,业已倾耳;既习象安质行,洒然倾心下之,遂遍赞之公卿大夫。象安,天下士也,诸公卿大夫咸造相舍就见。象安则以其人温厚尔雅如其诗,君子也。宁执一经以待举,无宁以坚白终。督学使者檄内史部中,辟象安属州博士。象安蹙然疾首,视侧注若兜鍪,安得赤帝子溺儒冠,吾首适矣!久之,卒疏博士业,称诗如初。"①

王寅,字仲房,一字亮卿,歙县人。尝北走大梁,问诗于李梦阳。中年习禅,事古峰和尚。古峰曰:"吾遍游海内五岳,今将遍历海外五岳,而后出世。"寅闻其语而悦之,因自号"十岳山人"。王寅有《十岳山人集》4卷,寅所自编。其诗音节宏亮,皆步趋北地之派,而铸语未坚,时多累句。

以上都是汪道昆诗社的主要成员。集商贾、文人、武官、隐士于一身的汪道昆,其思想的复杂性是一般人无法体会的。对于诗怎样才能认为是好诗,汪道昆有自己的独到见解。汪道昆《太函集》说:"大方家有言,当世之诗盛矣,顾上不在台阁,下不在山林。不佞既然且疑,尝测其涘。上焉者务经世,安事雕虫。较若悬衡,轻重辨矣。藉令身隐而下,居业不迁,极远穷高,幸有余力,是宜为国工,而归告瘁何居!夫诗,首国风,亦犹之乎天风也。风之起也为冷风,其积之厚也为培风,抟扶摇羊角而上

_____

① 汪道昆:《太函集》卷24《潘象安诗序》。

为刚风。三者皆雄风也。不恒为厉，不重积为飘，不戢为融，风
之愆也。是谓雌风。众雌无雄，身与名胥下矣。又其下，则风波
之民也，宁讵托山林为名高。"① 这里汪道昆明确的指出好诗不在
台阁，好诗不在山林。而是好诗来源于生活，来自民众，因为只
有在生活中提炼的诗才更加感人，给人留下深刻的印象。台阁之
诗，内容大多为"颂圣德，歌太平"，艺术上讲究雍容典丽，缺
乏生气；山林之诗则寄情山水，清静超脱，思想境界不高。只有
来源于生活中的诗，才有生命力。

　　汪道昆的诗歌可谓宏富，《太函集》卷 107—120 都是汪道昆
的诗歌集，从内容和体裁来看有骚、古乐府、四言诗、五言古
诗、七言古诗、五言律诗、五言排律、七言律诗、七言绝句等共
一千余首。如果将汪道昆的诗歌归纳分类主要有以下几类：

一、赠答友人的诗

　　汪道昆从中进士开始踏上仕途，一直到致仕歙县乡村，从来
就没有停止与达官贵人和文人墨客相互往来赠答诗歌。这类诗有
《宝剑篇时客延平赠余德甫浮海篇》、《赠陈仲鱼》、《湖上送黄全
之还闽》、《古意送肇郚应试南都》、《赠广文先生龙君御》、《送
吴翁秭》、《赠胡元瑞》、《赠张祭酒荣》、《天都行送江方伯入
滇》、《长歌送无学归摄山》、《对雪为长句赠宰公》、《宝剑篇代
赠汪肇郚应试京兆》、《芋原入舟郑叔晓自莆阳见过席上有赠》、
《席上呈余使君》、《送仲嘉入越读书》、《送詹山人还里中》、《答
余德甫》、《送顾季狂入闽兼讯戚都护吴太守》、《赠梁甫》、《答
仲嘉问疾》、《送张平叔还四明》、《送张虞部调常州别驾还婺觐省
二首》、《赠汪博士应辟典武学》、《答仲房》、《赠王仲房南归二
首》、《送左职方之任云中二首》、《赠国子先生欧桢伯五言六

---

　　① 汪道昆：《太函集》卷 25《寥寥集序》。

首》、《赠方君在适其父丧留真州朝雨》、《赠来少君四首》、《赠
李季宣》、《赠吴少君》、《送亮公还吴江》、《送义公游南海》、
《再赠司理公五首》、《送胡元瑞登白岳》、《赠朱宁州使君》、《送
詹东图下第归新安》等。这类赠送答友人的诗，其作用是尊敬友
谊、促进真挚感情和相互酬唱。唱和诗人之间的关系密切，其感
情思想充分表露于诗中，如《送张虞部调常州别驾还婺觐省二
首》①：

一

谪去应吾道，流言亦世情。圣朝仍得罪，佐郡且藏名。
落日梁溪棹，平芜潊水城。秋风回首地，泪满逐臣缨。

二

幸尔遭微谴，移官傍故乡。君恩深贾谊，郡牧得王祥。
作客才难尽，宁亲愿不忘。清时多雨露，之子慎风霜。

　　此诗可以说是心情沉痛，感同身受，真情触动，赠言相劝，
字字句句都是同情和安慰。如《送詹东图下第归新安》"长铗归
来独扣舷，五陵衣马正翩翩。郢中歌客谁高调，洛下书生自少
年。满路乡心迷碧草，迎船山色出青莲。汉家指日开东观，早晚
劳君赋籍田。"② 这是汪道昆在詹东图落榜时，给他作的慰藉之
诗。这类赠送酬唱诗数量不少，而且内容丰富，风格独特，是全
部诗作中不可忽视的一个重要部分。其实这类诗也并非好写，最
容易犯三个方面的通病：一是容易落入俗套，二是容易显得浮
躁，三是难免言不由衷。

---

①　汪道昆：《太函集》卷109《送张虞部调常州别驾还婺觐省二首》。
②　汪道昆：《太函集》卷113《送詹东图下第归新安》。

二、军旅之诗

汪道昆在官场上，大部分时间是在军旅生活中，因此军旅体裁的诗众多，以胸怀壮志、渴望和平、寄托怀古的形式把自己的细微的情感巧妙的融入到诗句当中，既是写诗，又是抒发自我情感。其诗有《铙歌十曲》、《有感》、《戚将军入闽破贼赋十绝句》、《大将军登富清城西楼，感旧有作，同赋二首》、《七月六日自军中还省，宿大田驿，时复有福宁之师》、《八月十五日邀大将军夜集开元寺》、《九日寄大将军时有海上之役》、《元日寄戚都护元敬》、《除夕》、《上巳》、《舟次白沙》、《端午日即事》、《嘉则入山哭胡司马》、《北游别社中诸友四首》、《蓟门会阅》、《居庸关》、《得南台弹事》、《中秋忆弟》、《出塞四首赠十二郎》、《平台观猎》、《塞外观音岩》、《登峰台顶》等。

明朝嘉靖年间，倭寇肆虐我国东南沿海，朝廷下决心平定倭寇，可是数十万的庞大兵力，却被几万倭寇牵着鼻子走。不但江苏、浙江、福建的许多城市、农村受到倭寇的烧杀、抢劫，倭寇甚至还打到南京城下，作为抗倭将领汪道昆和戚继光深感焦急，汪道昆有首诗《有感》①：

> 南粤无人问尉佗，炎风何事海扬波。
> 楼船遣将频推毂，羽檄征兵久枕戈。
> 落日秋原闻战哭，月明子夜断渔歌。
> 可怜杂虏喧鼙鼓，犹说江城富绮罗。

汪道昆《铙歌十曲》② 反映抗倭战争的激烈和取得胜利欢欣

---

① 汪道昆：《太函集》卷112《有感》。
② 汪道昆：《太函集》卷107《铙歌十曲》。

鼓舞的心情。该组诗前还有小序，介绍写诗的背景和起因："元戎戚公入闽，盖三平虏矣。闽人尸而祝之，歌而诵之，畈畈在人耳目。今兹之役，则以孤军而破虏万众，其功视昔愈奇。博士弟子黄生天全客元戎所，于其饮至，作《饶歌十曲》侑之。""石马冈，塞草黄，岛夷如蚁戈如霜，孤城岌岌祸叵量。将军赫然怒，洒泪誓戎行。伊余有事在疆场，愿与百雉俱存亡。朔风动地吹沙场，卷甲宵驰石马冈。""战城南，捣连营，蠢尔倭奴方打城。将军从天下，军声如雷轰。招摇焊耀，猋麑震惊，三面崩溃，万姓欢迎。谁不曰：吁嗟乎，戚父我生！""安海危，命如丝，穷寇并力几不支，潜师入援谁则知？神箭发，黙虏摧，戚虎何为复在兹？并日未得食，饥吻将安施！""漳浦汤汤，列阵堂堂。贼失势，我军张。上将鹰扬，锋獝而斧蟷。右翦左屠，群凶殄僵。露布星驰奏未央，炎炎勋伐震遐荒。""仲春振旅英风翔，童儿竹马迎道旁。一月三捷，往绩辉煌。今兹黙虏，鸢立鸥张。我忧忘寐，竟夕回肠。经时野次，为公沾裳。鲸鲵尽，海邦康。愿图形容，以襘以尝。"这一组的军旅诗，作者一连串的应用了戈、疆场、沙场、卷甲、神箭、列阵等战场上的掷地有声的的词汇，似乎让人感受到身临其境于战场之中，那种惊心动魄的搏杀、呐喊、浓烈的战争气氛，使人更加体会到作者诗歌的独特魅力，领略战争的悲壮和战士的勇敢杀敌。

三、情感之诗

汪道昆的诗集中，有许多怀古、思念友人的诗。如《吴中有客过访》、《西湖怀古五首》、《城上观涛有怀江方伯》、《溪南秋望》、《湖上送江司理赴登州有怀戚都护》、《嘉则入山哭胡司马》、《秋吟八首》、《招周公瑕入白榆社》、《送周丈还吴》、《旱》、《闻灾二首》等。

汪道昆的《吴中有客过访》："故人怜契阔，此日见交情。白社盟犹在，玄经草未成。空斋无长物，高枕有余生。好去驱黄犊，春来计耦耕。"这首诗是描写江浙的朋友和诗人会聚新安白榆社的情景，对这些文人墨客的到来，汪道昆深感相知、真诚和挚友的温暖，表达了内心的喜悦。《西湖怀古五首》：其一"孤忠不拟引身遥，万死安能折主骄。雨送鸱夷沧海泪，天回甲马浙江潮。逢干自分同沟壑，吴越争知异市朝。客子停车秋色里，祠前松柏未萧条。"其二"灵鹫岧峣挂瀑泉，何人削迹此栖禅。中原声动孤军入，大内魂销尺檄传。壮志仗谁挥落日，残生容汝傍诸天。化身疑在光明藏，秋水娟娟片月悬。"其三"将军乘胜气吞胡，百万提戈待一呼。忽尔园林沉王气，翻然刀笔夺雄图。伤心左衽秋风急，回首中原落日孤。最是故都仍俎豆，居人涕泪满江湖。"其四"司马先朝社稷臣，西风松槚大江滨。军麾万里归黄钺，帝纪千秋系紫宸。带砺有时还日月，镯镂无地避风尘。采苹谁是当门子，原草萧萧空复春。"其五"林塘幽处驻烟霞，云是当年处士家。天畔孤云回野鹤，陇头千树放梅花。客星隐隐高牛斗，世路悠悠税鹿车。北里南邻非宿昔，一杯聊得耐春华。"作者徘徊在怀古与现实之间，怀古的思绪联翩不断，吴越之争，越王霸业消歇已久，当年豪华的宫殿如今也已遗迹难寻。

汪道昆的《旱》："岁占依旧火云连，雩祀经旬赤日偏。箕毕虚劳躔六月，巫尪何计叩三天。熏风乳燕飞难起，炎海骊龙卧愈坚。白璧已挤群望尽，从今不易汶阳田。"《闻灾二首》：其一"海上三神山，居然万古浮。越裳岁入贡，秦使日相求。比者妖氛作，鲸鲵薄神州。尚方出斧钺，大将亲兜鍪。崔嵬京观封，辟易弱水流。太平欣有象，帝力靡不周。倏忽参当夕，摄提指孟陬。天风动南极，中夜山鬼愁。若木摇盘根，方壶荡虚舟。居人纷号咷，高卧失衾裯。冯相移书至，伊谁坐此尤。四境百不治，三事一不修。赐履自殊恩，肉食非远谋。顾我素餐臣，良为后土羞。愿以丹书坐，勿以苍生仇。"其二"我本岩穴人，渠渠当夏屋。堂上拥翠旄，堂下陈丹彀。君恩岂不优？昌被失初服。编户寒无衣，糟糠不充腹。舆台厌绮纨，厩马有余粟。主上幸见容，鬼神方侧目。七仞结榱题，重门列房籍。谁其宜此居，吉甫或方叔。"从以上的诗中，体现了汪道昆作为朝廷一名要员，既关心江山社稷，又关注民生疾苦，具有强烈的忧患意识、危机意识。

以上是汪道昆赠答友人、军旅生涯和情感等方面的诗作，表达了一个官员的豪情壮志和报国之情。其诗所涉及的范围较广，且有自己的特色和浩然之气。所以汪道昆的诗在"新安诗派"有很大的影响力和感染力。王世贞是这样高度评价汪道昆开辟新安诗派之功："新都有诗，自司马始。"① "歙故未有诗，有之，则汪司马伯玉始。"②

第三节　推崇王阳明学说

王阳明（1472—1529），名守仁，字伯安，浙江余姚人，世称"阳明先生"。王阳明的学术思想是在特定的时间、地点和条件下迸发出来的思想之火。王阳明心学是明代儒学革新的产物，它在形式上打破了程朱理学的理论框架，其学说的精髓或说基本理论框架在于重新建立了以"心即理"、"知行合一"、"致良知"等为基本范畴的心学思想体系。所以，王阳明的学说在明中晚期士人心目中有着崇高的地位和影响。在汪道昆的《太函集》中可以看到这种崇拜的思想流露。《南赣督府奏议序》载："公卿大夫以奏议名当世者，宜莫如阳明先生。先生具文武才，其勋业由南赣起。今所称载，则在南赣者居多。余尝侍尧山吴公，论作者之轨。公则以人臣敷奏，务深切著明，阳明先生是已。"③ 还有《明

---

① 汪道昆：《太函集》卷112《汪禹乂集序》。
② 王世贞：《弇州山人续稿》卷51《潘景升诗稿序》。
③ 汪道昆：《太函集》卷20《南赣督府奏议序》。

赠文林郎陕西道监察御史东谷先生既封孺人汪氏合葬墓志铭》称
道"自王文成公倡绝学，诸高第鼓行四方，都人士响应之。"①
《郡语》"有明闳儒崛起，宇宙中兴。明道则王文成，修辞则李献
吉。"② 从以上汪道昆的论说中，可以看出汪道昆对王阳明的学说
崇拜，以及对其"心学"独成一家，和程朱学派意趣迥异而大加
欣赏。

　　在《太函集》中也能找到一些蛛丝马迹对程朱理学不满的言
论和观点。《王子中》道："吾道自孔氏以来，无任之者。宋儒自
以为得道，规规然以言行求之。即彼居之不疑，未免毫厘千里。
王文成公崛起东越，倬为吾党少林。爰及曹溪，则先生在。乃今
排击文成，不遗余力，天下其孰能宗先生邪！"③ 汪道昆的《处士
方太古传》则云："世之丧道者二，其一俗学，其一俗儒。大音
既希，徒呻占毕以比里耳，则俗学也；雅道不作，徒藉濂、洛、
关、闽为口实，以传同声，则俗儒也。夫文以载道，道不虚行。
《太易》以还，无若《檀弓》、《左》、《穀》、《庄》、《列》、司
马，是皆奋乎百代之上，文在兹乎？世之喁喁者，不濂、洛、
关、闽，则韩愈、柳宗元、欧阳修、苏轼、曾巩、王安石。譬之
虺也，虽一再蜕，犹故虺尔，蜕而龙者无万一焉；譬之乳子，母
绝而乳存，即张口号嘎而就饮之，终不哺矣。"④ 汪道昆的论说，
显然是尊王贬朱，斥之为理学家们大多恪守师训，治学严谨，讲
学授徒，广注经典，谈理论道，实质上丧失了理和道。因为程朱
理学发展到后期已经明显出现了很多弊端：凡事都要以圣人言语
为准则，墨守成规，呆板迂腐，束缚了人的思想。造成这种思想

---

　　① 汪道昆：《太函集》卷57《明赠文林郎陕西道监察御史东谷周公暨封孺人汪
氏合葬墓志铭》。

　　② 汪道昆：《太函集》卷16《郡语》。

　　③ 汪道昆：《太函集》卷97《王子中》。

　　④ 汪道昆：《太函集》卷32《处士方太古传》。

上僵化的主要原因是：明王朝崇儒兴学，强化程朱理学在意识形态领域的统治地位，严禁非议。同这个学说相对立的学术思想便被斥为"异端邪说"，遭禁查封。而王阳明首度提出"心学"，而与朱熹的理学分庭抗礼，则被视为程朱理学大敌。王阳明在批评程朱理学的基础上建立了自己的阳明学派，他的"致良知"使人摆脱世俗的束缚，自由自在地生活。只要真正体悟到"良知"，就可以如翱翔于万里长空的飞鸟和跳跃于宽阔海洋的游鱼那样自由。王阳明广收门徒，宣传王学，世称"阳明学派"。

王阳明其门生后学遍天下，如王艮、徐爱、方献夫、黄绾、王畿、聂豹、罗洪先、何心隐、李贽等人。汪道昆不仅对王阳明的学说崇拜，而且和王学的门生也交往密切，并建立友好关系。汪道昆与王阳明的弟子王畿的交往就是一个典型的例子。王畿，字汝中，号龙溪，浙江山阴（今浙江绍兴）人。明朝嘉靖二年（1523），拜王阳明为师。王畿潜心传播王学，为王学主要传人之一。他受佛教思想影响较深，致使他在传播王守仁良知说过程中，渐失其本旨而流入于禅。他是明朝中晚期阳明学派的代表人物，对阳明的学说有重要发展，其进一步吸纳了道家、佛家的思想方法与成果。王畿还专门拜访在歙县引退在家的汪道昆，二人交往密切，为表达对王畿到访的谢意，汪道昆还特意写诗《龙溪先生远过里居呈谢二首》① 以表达对王畿尊敬。

一

拂枕归来卧敝庐，倒衣忽漫奉安车。
空山为指襄城路，故国还携禹穴书。
落木九皋闻老鹤，惊涛千里见神鱼。
独怜希有终难识，莫问行歌楚接舆。

① 汪道昆：《太函集》卷114《龙溪先生远过里居呈谢二首》。

二

云门东去浙江悬，秦望遥看岱岳连。

已见玄经传海内，何缘紫气到关前。

人间凤下通侯郡，吾道鹰扬尚父年。

翻忆五陵曾结客，空劳碣石坐谈天。

由于王畿大力倡导和推崇阳明的学说，使王学成为明中晚期一股代替朱学而兴的思潮，更重要的是，由于王畿开启了我国早期启蒙思想的先河，在中国哲学史上占有重要的地位。

"知行合一"是王阳明理论的一项重要内容。值得一提的是，王学的一位门人焦竑，则在"知行合一"的理论上，基本上承袭了王阳明的传统，但是侧重点则有所不同，首先提出向内的"心性良知"之学，以"致良知"为多闻多见学问，因而成就了一位以博学多闻著称，以实学绩行名世的良知学者。在天理人欲，在义利之辨，在对待商人贾贩活动等方面，焦竑都能够坚持求真务实作风，而摈除一些陈腐的观念。焦竑是一个有理想、有抱负、有见解、有责任心的官员，是一个有成就的博物学家、语言文字学家与历史学家、著述家，又是一位务实的关心国事、民生疾苦的思想家。汪道昆与这位学者也有一段道义上的交往，真实的记载二人交往的见证是《明故武毅将军飞骑尉焦公墓志铭》①：

> 大司徒耿公故持功令，从首善得焦弱侯，是为太史竑，盖天下士也。岁甲子，弱侯与计偕，甲申奉父武毅将军讳。越丙戌秋八月，弱侯乃禫，适不佞客京口、三山，则自金陵就见。将奉大事，持萧太史所为状，属不佞为志为铭。不佞归卧函中，不遑文事。己丑，弱侯举公车第一人，诸同升者

---

① 汪道昆：《太函集》卷56《明故武毅将军飞骑尉焦公墓志铭》。

递入新都，递以成言来讨。惟兹不朽之事，太史职之，弱侯都著作之廷，恶用不佞为也？第负诺责，其何敢辞。

焦氏自琅琊徙金陵，自别祖源始。高皇帝兵起，源从常忠武归之，累军功封昭信校尉。源子以先登最，帝赐名庸，进封武略将军，秩副千户。庸故，子武袭；武故，子昱袭。昱受室方氏，举武毅公文杰，字世英。公生三年，丧考妣，孤立当户，不失烝尝。比出，幼当袭官，资斧不具。大司寇周公具知人鉴，心壮之，授资以行，乃始得袭。

居常伉直持重，守军政者四十年。岁庚申，振武营兵变，乘风攫赏，从者如流。公勒所部士按剑誓之曰："国恩泰尔曹二百年，一旦而萌逆节，高庙在，奈何于雷霆？所不用命而恣睢，吾有是三尺耳。"一军皆慑，闻者帖然。故事，卫士以部卒戍钟鼓楼。保章以其徒属主漏刻，籍名而已，亡复谁何。公当戍，则以九鼎重地，声教系焉。藉令坐视陵夷，其何以耸观听？辄移文将作，茸而一新，部卒失伍，则以军法行罚。保章徒属，概毋贷。公举伯子瑞，授之经业。既成，弱侯且入塾，公语："当室之教，父为政；介弟之教，兄为政。故人乐有贤父兄。"瑞日与弱侯俱，奉教禀禀。瑞受灵山令，禄入不及于家。间者谓："禄仕无他，为养与祭，长君若此，干禄何为？"谢曰："吾幸得糊口，太仓家食给矣。今之仕者，禄入不足以养廉，公尔忘私，夫夫是也。吾虽老悖，宁讵能以非易是哉？"通州吴簿部运南储，橐八百金寓公所，簿暴卒，家人不及知。公出遗金，且护其丧归葬。公年及指使，谢戒行。伯子先亡，仲子靖袭公职。叔即弱侯也，季曰證。公再奉恩诏，以齿进阶，遂加授武毅将军、飞骑尉。季年弃人间事，味方外言，延诸比丘，向往西极。庐山僧大安见客，虚精舍为百日期。大安故入宗门，得天童家法。公因有悟，寤寐现大光明。预定日时，合掌举佛号而逝，时年八十有二。其化人之徒与！

弱侯又言："考少孤，先妣徐主中馈，世毋独而下，日荐涤瀡厌之。考妣相与食贫，饭脱粟而已。外姑刘寡，藐一孤，悫而愚，养生送死，率倚办之，不遗余力。"公既授二子业，日讨古昔而训之："儒有席上之珍，犹之韫玉，务守纯白，卒以无瑕。浸假而瑕，纯白缺矣。"此其法言景行，庶几乎质有其文。人言公由高、曾、祖、考迄于其身，相承五世，由弘、正、嘉、隆迄于万历，更事五朝，位卑名高，禄薄资厚，卒踰大耋，两及覃恩，于公足矣。假之五秬，幸得于其身亲见之，天不慭遗，惜也。

嗟乎！万古一瞬，公已前知。由不可思以至不可说，明若观火，恶论旦暮乎哉？大安终庐山，不佞尝铭其塔。是役也，幸得而应弱侯，则同声也。铭曰：

委吏乘田，圣人不鄙。阙有司存，称而已矣。钟鼓在县，公必更始。得时于城，惟其所以。禁旅脱巾，群器竞起。五等六曹，望风而靡。按剑奋呼，畴敢干纪？藐彼绛侯，跋胡疐尾。从游赤松，托迹吊诡。晚学无生，孰发而俳？天童作师，万法一指。奄然西归，其谁之子？为荷也者而不淤，为蜕也者不滓。贾墅之原，化城言言；帝悬既解，帝命来宣。其将以是为极乐，其将以是为祁连。

从以上的墓志铭中，看出两人友谊之深，特别是焦竑邀请汪道昆为其父纂写墓志铭，一方面焦竑视汪道昆为好友，这样一个重要的事交给汪道昆来操办，其关系可见一斑。另一方面，也看出汪道昆的影响和当时在文坛上的才华。此篇墓志铭可谓姗姗来迟，汪道昆在写给《焦弱侯》①的信件中的解释：

---

① 汪道昆：《太函集》卷104《焦弱侯》。

自昔举公车第一人，莫不歆艳。圣明礼遇优渥，名器特隆，稽古之荣，于斯为至。顾自鄙人耳目所及，三岁代兴，或职论思，或赞密勿。下之不负所学，上之不负所知，其人斌斌，殆可偻指。要以究极本原，独观昭旷，仅得公一人，诚知大行不加，得之自是。海内嚻嚻望治，必得若而人以希太平，鄙人闻之，喜而不寐。毕司理、祝海阳及郡中二三子递至，拜命之辱，三复申之。鄙人宿诺有年，主臣无任。盖自焦山归歙，不令兄弟，疢疾相仍。鄙人犹幸苟延，重听滋甚。舍弟既废且笃，保之不啻婴儿。以故诺责不修，则潘懋德、方伯雨习知之矣。索居偃蹇，竿牍不入都门。属门人方于鲁北游，肃状以谢不敏。自今力疾从事，计府僚当入贺，谨具稿附之行。

汪道昆称赞焦竑，以殿试第一人而居官翰林修撰，讲习国朝典章，并专领纂修国史之事，皇长子出阁，又以焦竑为讲官，竭诚启迪，成效显著。汪道昆自官场退隐回归歙县之后，一直身体不佳，再加上家庭许多琐事烦心，一时不能静下心来提笔。汪道昆对焦竑十分器重，是因为焦竑后来能够成为泰州王学后劲。焦竑从王阳明、王艮、王龙溪、王东崖、罗汝芳诸前辈思想中汲取资养，形成了个性鲜明，力主独立、自由、平等、开放的思想。无论是为人性格，或是学术师承，还是思想主张，焦竑同李贽都大体相近以至一致，这些学术思想对汪道昆影响极深。

第四节　主张文学复古与革新

汪道昆在明代被视为与文坛领袖李攀龙、王世贞并驾齐驱的一名文坛主将，其文学创作及其理论，都体现出浓郁的复古思想。这与汪道昆早年习举业有关，突出表现对古文诗词的特别爱好，其在《副墨自序》中说："幼受业先师，喁喁慕古。既卒业，退以其私，发箧遍读藏书。即属辞，壹禀于古昔。师弗善也，则以告家大夫：'孺子嘐嘐而务多闻，将害正业。'家大夫敬诺，箧中非博士业，悉迁之。"① 对家人来说，习举业才是正道，好古文诗词是一种不务正业，而汪道昆的志向和兴趣却在于此，在他考中进士以后，他又从事古文研究：

> 既对公车，余始舍业而修古。比出居县，日治程书不遑。入为尚书郎，属司马有巡功视师之役，诸郎斌斌讲业，余不能从。既而治郡治兵，历十年所。其间什九废业，谓官先事，非与屏居铩中，计余年，可足吾事。会病视去，而为方外游。……不佞结发从政，斑白犹在行间，将窃余力以从古人，日不暇给。②

　　汪道昆的崇古意识和思想，就是习惯从古人那里寻找根据，以古风、古言为真、善、美的价值标准，以"先王"、"古圣"为最高人格理想，以古代社会为理想社会。当然对这一崇古现象，也不要片面理解为"守旧"，应该把这一现象放到民族文化的大背景中去作完整的分析，挖掘出它背后更深刻的历史基础和文化前提。所以汪道昆在《太函集自序》③中说：

> 人亦有言，三代无文人，六经无文法。非无人也，言则人人文也；非无法也，文则言言法也。盖当夏后殷周之盛，斯道大行。迨于孔孟老庄，率以明圣而任述作，斯道大明。

---

① 汪道昆：《太函集》卷 22《副墨自序》。
② 汪道昆：《太函集》卷 22《副墨自序》。
③ 汪道昆：《太函集》，黄山书社 2004 年版，第 4 页。

美哉洋洋乎，文在兹矣。秦汉而下，则其人正；晋宋而下，
则其法正。天有意乎斯文，世不相袭。藉令作法自己，则亦
不废其人。穷则变，变则通，亡于法而法也。宋儒以道自
任，志三代而身六经，狠云"质有其文，贵其质而已矣"。
夫蒉桴土鼓，不比于韶，如必任质而后宜，夔其穷矣，即其
人可知也，于法云何？

汪道昆在《朱镇山先生文集序》中也谈到崇古的经世之文：

夫世有升降，道有污隆，宜无当于文，文于是乎足征
矣。文以经世，则其道行，其世则虞、夏、商、周，其文则
谟、命、训、诰，其人则皋陶、益稷、伊傅、周召，其道则
同德同心。经世之文，是曰大业。降及后世，则汉贾、晁，
唐魏、陆，庶几乎什一近之。抑或资不逢世，作者托于文以
自名，其世则周、秦、汉、魏、六代、三唐，其文则史传、
声诗、词赋，其人则左、屈、苏、李、枚、马、班、杨、
曹、阮、李、杜，其道则美斯爱，爱斯传。振世之文，是曰
不朽。观于人文，以论其世，文在兹乎！①

汪道昆特别推荐虞、夏、商、周经世之文，并以此为标准，
对三代以后学者的文章如汉代的贾谊、晁错，唐代的魏征、陆
贽，给予很大的肯定，但也只是"什一近之"。可以看出，汪道
昆对当时文学现状的不满，以复古的思想回避现实，表现出尊古
尚古的文化心理。

汪道昆的文学观含有尊古思想，这与当时明代社会环境是分
不开的。明代以李梦阳、何景明、徐祯卿、边贡、康海、王九

---

① 　汪道昆：《太函集》卷 26《朱镇山先生文集序》。

思、王廷相在文坛上称前七子；以李攀龙、王世贞、谢榛、宗臣、梁有誉、徐中行、吴国伦为代表的因在前七子后，故称后七子，因时代大概在明嘉靖、隆庆年间（1522—1572），又称为"嘉靖七子"。后七子中，以李攀龙、王世贞为代表。他们强调"文必秦汉，诗必盛唐"，以汉魏、盛唐为楷模。他们复古拟古，主格调，讲法度，广立门户，彼此互相标榜，声势更为浩大，从而把明代文学的复古倾向推向高潮。而汪道昆在明代嘉靖至万历期间，也称得上是一位有重要影响的文学界人物，不仅拥有与李攀龙、王世贞近似的文学声誉，而且和后七子成员及其从事的复古活动关系密切，由此被纳入后七子羽翼群体之一"后五子"之列。所谓后五子，即：余曰德、魏裳、汪道昆、张佳胤、张九一。后七子的文章复古理念基本上承续前七子。汪道昆《青萝馆诗集序》说得很明白："太祖始兴，草昧间作，弘治则李献吉、何仲默，副以徐昌谷诸曹，超乘而前，去挽近世千里矣。嘉靖则李于鳞、王元美，而徐子与、吴明卿、宗子相参焉。于鳞谓余：吾党亟称献吉，恨不与诸君子同时。不自意结伍从之，取前茅以进，幸也。夫前者崛起，后者代兴，百年之间，骎骎进于大雅，非适逢世，能乎？"① 李攀龙、王世贞以及后七子的复古思潮对汪道昆都产生了一定的影响，尤其是他们的密切交往过程，多少都产生一定的"慕古"意识。

早在嘉靖四十五年（1566）夏，汪道昆在任福建巡抚时被人弹劾为"贪污纵士"，遭到罢免回籍听调。对这一突然陷害，汪道昆似乎没有一点思想准备，抗击倭寇保家卫国，这是汪道昆的首要任务，从没有把精力和思想放在人际上。然而，对这件事情的真相，别人不清楚，戚继光可是再清楚不过。二人是共患难的刎颈之交，以他对汪道昆的了解程度，要他相信素有清廉君子之

---

① 汪道昆：《太函集》卷21《青萝馆诗集序》。

名的汪道昆会贪污，比要他相信倭寇们从此金盆洗手吃斋念佛还难。只能说因为秉性清高不肯阿谀权贵而被人排陷罢了。戚继光心中为汪道昆鸣冤不平，随性豁达的汪道昆本人却不以为意，只是在二人依依惜别之时，对不能再与戚继光共事而深深惋惜。从那之后，汪道昆归籍安歇一段时间，便去杭州拜访好友浙江按察司副使李攀龙，在这素有小天堂之誉的宝地与各界文坛名流们诗酒唱和，倒也惬意。李攀龙在当时可是大名鼎鼎的人物，被称为天下文章第一人，公推为文坛盟主，世人无不仰慕他的文采和风姿。汪道昆从内心中对这位巨匠加以顶礼膜拜，在《弇州山人四部稿序》中，汪道昆是这样称赞李攀龙、王世贞：

> 世宗以礼乐治天下，寿考作人，何可胜原。于时济南则李于鳞（即李攀龙），江左则王元美（即王世贞），画地而衡南北，递为桓文。浸假与两司马相周旋，骎骎足当驷牡。夫得天者乘其运，逢世者挟其资。此六君子者，非有所待而后兴，非有所约而后合，天德王则从而王，世道隆则从而隆，千载一时，今为烈矣。顾两司马以作者命世，至今诵法不衰。后死者幸得与于斯文，殆亦瞠乎其后。一旦互执鞭弭，宁讵能方驾而驷之。窃惟尺寸异长，诗书异教，藉令夔典礼而龙典乐，将不耐不穷。何以故？所用非所长也。长卿之长，长于敷陈，诗教也。子长之长，长于纪述，书教也。就其偏长，莫不毕至。脱或求其具足，能无穷乎！善乎，元美之多于鳞也，其言曰"汉廷两司马，吾代一攀龙。"言兼长也。斯言也，上士然之疑之，中士骇之，下士闻而笑之，及于鳞之籍既传，则然者疑亡，骇者意下，笑者掩口退矣。于鳞役仆百家，睥睨千古。始得元美，欢甚："吾奈何从海内一当王生！"举世方以无誉惮于鳞，即元美无所用誉。[1]

---

[1]　汪道昆：《太函集》卷22《弇州山人四部稿序》。

汪道昆将李攀龙、王世贞比拟于司马相如与司马迁，实视他们为李梦阳"修古"大业的接续者，置之于开导文坛风气的引领与主盟者地位。

隆庆四年（1570）李攀龙去世后，后七子中以王世贞声望最显，影响最大，成为文坛宗主。《明史·王世贞传》称："世贞始与李攀龙狎主文盟，攀龙殁，独操柄二十年。才最高，地望最显，声华意气笼盖海内。一时士大夫及山人，词客、衲子、羽流，莫不奔走门下。"

王世贞所提倡复古，并不是单纯意义上的向古人看齐，以古人为准的，而是在某种意义上始终贯穿着一种求真的精神，在复古与求真中寻求正确性的答案。汪道昆也同样如此，也并非肤浅固守复古传统，而是恪守严格信条，对文学复古思潮和理论进行一定程度的修正革新，也并非一味厚古薄今，而是在复古思潮的影响下强调理论的革新。

明代文坛上曾出现师古与师心两大思潮对立冲突。所谓"师古"就是以古为师；所谓"师心"就是以求"独见"和"新声"。汪道昆对此也非常关注，并且也有自己的看法和独到见解。他主张把师古与师心结合起来，通过学习先秦、汉、魏、晋、唐、宋、元诸家，形成自己的文学风格，以促进对复古主义理论的变革。在《太函集》中，汪道昆在对"师古"与"师心"的问题上，借主客之言说：

> 余观论著之士，亦师心为能耳，而君侯雅言师古，则庖牺氏何师邪？主人曰："否否。庖牺氏不师，此圣者事也，岂为书契哉。宫室衣裳，耒耜舟楫之利，皆古圣人创法，而百世师焉。后圣有作，不能易矣。语曰：'作者之谓圣，述者之谓明'。孔子让圣而不居，亦惟无用作也。藉令挟喜事之智，而干作者之权，去宫室，屏衣裳，舍耒耜舟楫，其能

利用者几何？使不师古，而以奥为户，以屦为冠，楺木为舟，刳木为耒，其不利也必矣。故论说必称先王，制器必从轨物。古人先得我心，师古即师心也。倍古而从心，轨物爽矣，恶足术哉！"①

在《尚友堂文集序》中汪道昆则道：

即后有作者，不师古则师心，宁讵能求古于科斗之前，求新于寄象译鞮之外。故能敝不新成，玄圣所慕；日新盛德，素王盖备言之。要之，未始有新也者，则古者不耐不新。既始有新也者，则新者不耐不古。莫非古也，则亦莫非新也。乃今则以师古为陈言而不屑也，即《左》、《史》且羞称之，以师心为臆说而不经也。庭庑之下，距而不内，楚失而齐未为得，将安得亡是公邪！余睹使君所为文，受命六籍，而参谋于诸儒，辞各指其所之，犹之部伍，时而秦汉，时而韩、柳、欧、曾。古者斥雷同，新者去雕几。其称先王，则古昔大都，积和顺而发英华。以是命不佞为前驱，可幸无罪。如必曰与其为今人古且新也，宁不古不新。不佞未免为今人，将甚惭于粤君子，使君尚友者何也，愿陈无当之言质之。②

汪道昆对师古与师心的论述，强调二者不可偏废，希望达到"语师古则无成心，语师心则有成法"的理想效果。

汪道昆将明代文坛复古主义思想推向革新之路，以摆脱深陷复古泥潭，无疑是本性求真，旁出蹊径，适应了明代后期新思潮

① 汪道昆：《太函集》卷84《却车论》。
② 汪道昆：《太函集》卷26《尚友堂文集序》。

发展，表现了自主创新的文学主流。

第五节 天都外臣《水浒传序》

明代的天都外臣撰写了《水浒传序》，序中称梁山好汉"啸聚山林，凭陵郡邑"，还赞梁山英雄"有侠客之风，无暴客之恶"，并称赞《水浒传》的描写艺术"如良史善绘，浓淡远近，点染尽工"。这个天都外臣就是汪道昆，这一结论已成学术界共识，关于这方面的论述和考证已有很多，特别是《光明日报》"文学遗产"[①] 专栏还展开了系列讨论。这里就不再赘述。天都外臣《水浒传序》曰：

> 小说之兴，始于宋仁宗。一时天下小康，边衅未动。人主垂衣之暇，命教坊乐部，纂取野记，按以歌词，与秘戏优工，相杂而奏。是后盛行，遍于朝野，盖虽不经，亦太平乐事，含哺击壤之遗也。

> 其书无虑数百十家，而《水浒》称为行中第一。故老传闻：洪武初，越人罗氏，诙诡多智，为此书，共一百回，各以妖异之语引于其首，以为之艳。嘉靖时，郭武定重刻其书，削去致语，独存本传。余犹及见《灯花婆婆》数种，极其蒜酪。余皆散佚，既已可恨。自此版者渐多，复为村学究所损益。盖损其科诨形容之妙，而益以淮西、河北二事。赭豹之文，而画蛇之足，岂非此书之再厄乎！近有好事者，憾致语不能复收，乃求其本传善本校之，一从其旧，而以付梓。

---

① 徐朔方：《关于张凤翼和天都外臣的〈水浒传序〉》，《光明日报》1983 年 5 月 10 日。吴晓铃：《漫谈天都外臣序本〈忠义水浒传〉》，《光明日报》1983 年 8 月 2 日。汪效倚：《关于天都外臣——汪道昆》，《光明日报》1983 年 8 月 23 日。

　　则有正襟而语者曰："十三经二十一史，不以是图，奈何亟亟齐东氏之言而为木灾也？"余谓诸君得无以为贼智而少之耶？《经》曰："窃钩者诛，窃国者侯。侯之门，仁义存，"若辈俱以匹夫亡命，千里横行，焚杵叫嚣，揭竿响应，此不过窃钩者耳。夷考当时，上有秕政，下有菜色。而蔡京、童贯、高俅之徒，壅蔽主聪，操弄神器，卒使宋室之元气索然，厌厌不振，以就夷虏之手。此诚窃国之大盗也。有王者作，何者当诛。彼不得沾一命为县官出死力，而此则析圭儋爵，拖紫纡青。道君为国，一至于此，北辕之辱，固自贻哉！如传所称吴军师善运筹。公孙道人明占候，柴王孙广结纳，三妇能擐甲胄作娘子军，卢俊义以下，俱鸷发枭雄，跳梁跋扈。而江以一人主之，终始如一。夫以一人而能主众人，此一人者，必非庸众人也。使国家慕之而起，令当七校之队，受偏师之寄，纵不敢望聱将军、韩忠武、梁夫人、刘、岳二武穆，何渠不若李全、杨氏之辈乎？余原其初，不过以小罪犯有司，为庸吏所迫，无以自明。既蒿目君侧之奸，拊膺以愤，而又审华夷之分，不肯右绁辽而左绁金，如郦琼、王性之逆。遂啸聚山林，凭陵郡邑。虽掠金帛，而不虏子女。唯剪娄墨，而不戕善良。诵义负气，百人一心。有侠客之风，无暴客之恶。是亦有足嘉者。盖诚如侯蒙之言，惜蒙未行而卒，终不得其用耳。后乃降张叔夜。《史》与《宣和遗事》俱不载所终。《夷坚志》乃有张叔夜杀降之说。叔夜儒将，余不之信。《史》又言淮南，不言山东；言三十六人，不言一百八人。此其虚实，不必深辨，要自可喜。载观此书，其地则秦、晋、燕、赵、齐、楚、吴、越，名都荒落，绝塞遐方，无所不通；其人则王侯将相，官师士农，工贾方技，吏胥厮养，驵侩舆台，粉黛缃黄，赭衣左衽，无所不有；其事则天地时令，山川草木，鸟兽虫鱼，刑名法律，韬略甲兵，支干风角，图书珍玩，市语方言，无所不解；其情则上下同异，欣戚合离，捭阖纵横，揣摩挥霍，寒暄嚬咲，谑浪排调，行役献酬，歌舞诡怪，以至大乘之偈，《真诰》之文，少年之场，宵人之态，无所不该。纪载有章，烦简有则。发凡起例，不杂易于。如良史善绘，浓淡远近，点染尽工；又如百尺之锦，玄黄经纬，一丝不纰。此可与雅士道，不可与俗士谈也。视之《三国演义》，雅俗相牵，有妨正史，固大不侔。而俗士偏赏之，坐暗无识耳。雅士之赏此书者，甚以为太史公演义。夫《史记》上国武库，甲仗森然，安可枚举。而其所最称犀利者，则无如巨鹿破秦，鸿门张楚，高祖还沛，长卿如邛，范蔡之倾，仪秦之辩，张陈之隙，田窦之争，卫霍之勋，朱郭之侠，与夫四豪之交，三杰之算，十吏之酷，诸吕七国之乱亡，《货殖》、《滑稽》之琐屑，真千秋绝调矣！传中警策，往往似之。《艺苑》以高则诚蔡中郎传奇比杜文贞，关汉卿崔张杂剧比李长庚，甚者以施君美《幽闺记》比汉魏诗。盖非敢以婢作夫人，政许其中作大家婢耳。然则，即谓此书乃牛马走之下走，亦奚不可！

或曰：子叙此书，近于海盗矣。余曰："息庵居士叙《艳异编》，岂为诲淫乎？《庄子·盗跖》，愤俗之情，仲尼删诗，偏存郑卫。有世思者，固以正训，亦以权教。如国医然，但能起疾，即乌喙亦可，无须参苓也。"

罗氏又有《三遂平妖传》，亦皆系风捕影之谈。盖荒野鬼才，惯作此伎俩也。三世子孙俱喑，当亦是口业之报耳。余又惜夫人有才，上之不能著作金马之庭，润色鸿业，下之不能起名山之草，成一家言，乃折而作此，为迂儒骂端，若罗氏者可鉴也。

钱塘郎仁宝载三十六人，有李英，非李应；有孙立，无林冲。田叔禾《西湖游览志》，又云出宋人笔。二公罗氏同

　　邑人，别有所据。今并及之，以俟再考。
　　万历己丑孟冬，天都外臣撰。

　　汪道昆的《水浒传序》是一篇弥足珍贵的文献，曾经也引起学术界广泛关注。然而汪道昆为何要署名天都外臣，汪效倚先生在《光明日报》中是这样解释："我们要搞清汪道昆为什么要号'天都外臣'？'天都'系指他的故乡黄山天都峰而言，这是不言而喻的。许多史料记载说，汪道昆曾经长期住在黄山，读书著述，会晤宾朋。据说，当时文人'不东之娄东，即西奔缑中'。娄东指王世贞；缑中即汪道昆在黄山的别业。汪道昆在自己的名号中，用了'天都'一词，不外表明其对故乡山水的热爱，以及耽志林泉的意向。至于'外臣'之意，只要结合汪道昆的履历来作一分析，其意即可一目了然。所谓'外臣'，显然是针对他的同年、首辅张居正而发，含有'放逐在外之臣'的意思，表明了他对这位同年的不满。"① 这里的外臣总感有些凄凉之意，官场上两次被罢免，不免有些被边缘化、被冷落之痛。汪道昆在《太函集》中还常用"外臣"、"逐臣"来形容自己，我们不妨来梳理一下。《三楚升中颂》载："三楚以民治代兴，皆楚之良也。馨香四达，和洽神人，舆诵升闻。帝命方外司马汪道昆勒之石。"② 《答余德甫》曰："群材俱跋扈，圣世但沉沦。命达非文事，名高自古人。门从蝉冕少，家任鹔冠贫。泽国多芳草，春风傍逐臣。"③ 《送张虞部调常州别驾还婺觐省二首》："谪去应吾道，流言亦世情。圣朝仍得罪，佐郡且藏名。落日梁溪棹，平芜溆水城。秋风回首地，泪满逐臣缨。"④ 《丙子元日》道："冀莱王正

①　汪效倚：《关于天都外臣——汪道昆》，《光明日报》1983 年 8 月 23 日。
②　汪道昆：《太函集》卷 79《三楚升中颂》。
③　汪道昆：《太函集》卷 109《答余德甫》。
④　汪道昆：《太函集》卷 109《送张虞部调常州别驾还婺觐省二首》。

月，柴桑帝外臣。年侵悬恋主，身退得宁亲。时俗从新里，春游过近邻。藉令多雨露，吾计足松筠。"① 汪道昆之所以托名"外臣"、"逐臣"。历史是面镜子，我们不妨先回顾一下，昔日屈原、贾谊、韩愈、柳宗元、白居易等都是被贬谪的文人，这些也都是逐臣，而更让汪道昆难以忘怀的是司马迁《史记》中的《报任安书》载："盖文王拘而演《周易》；仲尼厄而作《春秋》；屈原放逐，乃赋《离骚》；左丘失明，厥有《国语》；孙子膑脚，兵法修列；不韦迁蜀，世传《吕览》；韩非囚秦，《说难》、《孤愤》；《诗》三百篇，大抵圣贤发愤之所为作也。"汪道昆自己两次因遭谗、被诬而罢归故里，其冤屈不得洗白，内心是十分愤怒和痛苦，也深深地感到自己的命运被弃置，借以抒发自己怀才受谤，被逐故里的感慨。

万历十七年（1589）汪道昆刊行《水浒传》并为作序。此年也是汪道昆六十五岁，一个花甲之年的人为何要给《水浒传》作序，因为汪道昆被《水浒传》中的"忠"、"义"所感染，忠，即是对自己的祖国，对自己身边的亲人、朋友尽心竭力。宋江在种种威逼利诱之下，仍然对自己的祖国忠心耿耿，这就是忠；林冲的妻子在林冲被逼上梁山之后，对高俅之子的凌辱，宁死不屈，最终上吊自杀，这也是忠。一个'义'字，包括了太多的内容。《水浒传》中一百零八好汉为兄弟、为朋友赴汤蹈火，两肋插刀，就只为了一个'义'字；为人民除暴安良，出生入死，也只为一个'义'字。由此可见，一个'义'字虽然只有三笔，有时却要用一个人的生命去写。《水浒传》作者以高度的艺术表现力，生动丰富的文学语言，叙述了许多引人入胜的故事，塑造了众多可爱的个性鲜明的英雄形象。因此，也激发汪道昆思想斗志，清楚地感受到"官逼民反"这一现实。汪道昆的序也指出，

① 汪道昆：《太函集》卷110《丙子元日》。

《水浒传》在叙事之外，反映的生活广阔丰富，人物描写生动细腻，揭示了是非颠倒，愚智倒置的社会现实。其序气势豪放，潇洒自如，内容翔实有力，结构严谨，文字简明扼要而气势磅礴。然而在《水浒传》中，除汪道昆的序之外，还有张凤翼和李贽的序。徐朔方先生在《关于张凤翼和天都外臣的〈水浒传序〉》中是这样评价："汪、张两篇序文顺应重视小说戏曲的进步文艺观日益抬头的趋势，从唐顺之等人的口头评论进而形诸笔墨，由李开先语焉不详的记载进而在思想性或思想艺术两方面都加以大胆的肯定，这是文艺思想的一大进展。张凤翼把《水浒传序》公然印载在自己的诗文集中，这一点他比汪道昆难得。虽然就内容而论，他所论述的，天都外臣序中往往更加酣畅淋漓，天都外臣序则表现得十分出色。"① 这是一个实事求是的评价和总结。

汪道昆在序中称颂梁山好汉"虽掠金帛，而不虏子女。唯剪荼蘖墨，而不戕善良。诵义负气，百人一心"颂扬他们有"除暴安良"、"扶危济困"、"歼击外寇"的侠义英雄气概，讽刺和鄙视那些肉食者，"上有秕政，下有菜色。而蔡京、童贯、高俅之徒，壅蔽圣聪，操弄神器，卒使宋室之元气索然，厌厌不振，以就夷虏，此诚窃国之大盗也。"认为宋徽宗北辕之辱，盖因重用此辈，咎由自取；歌颂水浒英雄"有侠客之风，无暴客之恶"，"非庸众人也"；表现了作者痛恨权贵，同情起义英雄的思想态度。金宁芬先生说："汪道昆把封建统治阶级诬为"诲盗"之作的《水浒传》说成是可以正其训导，发挥教化作用的史书，其胆识亦足惊人。"②

汪道昆序中说："雅士之赏此书者，甚以为太史公演义"。将

---

① 　徐朔方：《关于张凤翼和天都外臣的〈水浒传序〉》，《光明日报》1983 年 5 月 10 日。

② 　金宁芬：《关于汪道昆的几个问题》，《文学遗产》1985 年第 4 期。

《水浒传》与《史记》相提并论，一个是小说演义，一个是通史，既有相同之处，又有本质的区别。《水浒传》描写宋朝徽宗时皇帝昏庸、奸臣当道、官府腐败、贪官污吏，陷害忠良，弄得民不聊生，许多正直善良的人被逼落草为寇，一百零八条好汉聚义梁山泊上打着"替天行道"之旗号，不随意伤害客商、不随意骚扰民众，只针对贪赃枉法，无恶不作之官僚、土豪大户。而司马迁的《史记》，是中国历史上第一部规模宏大、贯通古今、内容广博的纪传体通史。司马迁本着秉笔直书，实事求是，坚持"实录"精神，从最高的皇帝到王侯贵族，到将相大臣，再到地方长官等等，司马迁当然不会抹杀他们神奇、光彩的一面，但也揭露他们的腐朽、丑恶以及对人民的剥削和压迫的一面。这也是汪序中所称赞的"真千秋绝调矣！传中警策，往往似之"。与此同时，汪道昆还将《水浒传》与《三国演义》进行比较。"视之《三国演义》，雅俗相牵，有妨正史，固大不侔。而俗士偏赏之，坐暗无识耳"。大部分人认为《三国演义》是七分史实，三分虚构，就是说既有历史的真实性，同时又有文学创作虚构的成分。《三国演义》雅俗相牵，明快流畅，有条不紊，前后呼应，彼此关联，环环紧扣，层层推进。而《水浒传》以通俗、简练、生动、富于表现力和想象力的文学语言风格，展示了宋代的政治文化，市井风情，社会景观。

第六节　汪道昆与《金瓶梅》

关于《金瓶梅》的作者问题，真是个谜团。有人将它比之为中国古典小说研究中的"哥德巴赫猜想"，确实有点道理。多年以来，国内外不少学者都想摘取这颗《金瓶梅》研究中的明珠，花费了大量的心血，翻阅了大量的资料，想从中寻找一些蛛丝马迹，对其进行研究和考证。各位专家学者费尽了心机，先后论证出该书作者为李开先、李卓吾、徐渭、王稚登、蔡荣名、冯梦龙、赵南星、冯惟敏、王世贞、屠隆、汤显祖等，各执一端，莫衷一是。目前终究难以得出一个确凿有据、人人信服的结论，这不能不令人遗憾！

在众多《金瓶梅》的作者名单中，并没有徽州歙县汪道昆的名字，然而近年来却出现汪道昆是《金瓶梅》的作者说法。这就为金学的作者又增添了一名新成员，是对是错姑且不论，但这也是一家之言。持这个观点的人名叫潘志义，是黄山市徽州区人，可以说是一介"草民"，20 世纪 70 年代，潘志义因顶替父亲工作进入黄山市徽州区西溪南供销社。潘志义由于偶尔的机会接触《金瓶梅》一书，发现《金瓶梅》书中所描写许多用具和物产都与徽州有关，于是开始潜心研究，力争有所突破，首篇论文《〈金瓶梅〉与徽州》发表在《徽州社会科学》1994 年第 4 期。全文通过对《金瓶梅》里的社会背景、建筑、方言、物产用具的分析，得出《金瓶梅》成书于徽州，作者是徽州人汪道昆。

另外，徽州区旅游局王潮涌先生的《汪道昆创作〈金瓶梅〉考》一文①，通过详细的论证和分析对比，得出结论《金瓶梅》作者是汪道昆和潘之恒。

再有一位浙江东阳市巍山高级中学语文老师华柯在《义乌方志》2009 年第 36 期发表了他的《从金华酒到兰陵笑笑生——义乌令汪道昆极可能是〈金瓶梅〉的写成者》。华柯从《金瓶梅》中的金华方言、金华酒、汪道昆与义乌兵关系等进行论证，得出汪道昆是《金瓶梅》的作者。

《义乌方志》编辑部副主编刘俊义认为《金瓶梅》作者是汪道昆的可能性极小。他研读过研究《金瓶梅》的一些著作，也拜读过《太函集》，他认为汪道昆一直做官，并且官至兵部侍郎，

①　《徽州社会科学》2005 年第 8 期。

以他的工作环境和生活环境，不可能去写《金瓶梅》，兰陵笑笑生更应该是个落魄不羁的才子。

《义乌方志》编辑孙清土老师在编辑稿子前也是再三斟酌，他也认为作者是汪道昆的可能性较小。"在方志上发表华柯的这篇文章，是提供大家一个交流平台，让各种观点百家争鸣。"

《金瓶梅》的作者版本很多，学者都想破解谜案，但都无功而返。汪道昆是否是《金瓶梅》作者的猜想，学术界肯定的不多，这一观点也只是在近些年来所出现的，我们不妨来一个推测和分析。

首先，从时间上来说，自从汪道昆出道以来，为官、抗击倭寇，直到万历三年（1575）六月，汪道昆回归故里，已是年纪五十一岁。整个人生的宝贵时间都是在为明代政府服务，几乎是没有时间来纂写这部恢宏文学著作。回到故乡歙县后，汪道昆在思想上和身心上进行了一次调整，彻底摆脱明代政治腐败体制和远离世俗，可以说是看破红尘，过着与世无争、超然物外的桃花源的生活。但汪道昆也并没有清闲，他花费大量时间，将自己过去的诗文进行整理修改，刊刻成书，定名为《太函集》。汪道昆后半生的生活也似乎安排很紧凑，哪有时间和精力再构思《金瓶梅》文学创作。

其次，在徽州方言中，似乎找到与《金瓶梅》相同的方言之处。其实徽州是一个移民社会，历史上改朝换代的战争，统治阶级内部争权夺利的战争，军阀割据之间的战争，民族矛盾引发的战争，农民革命的战争，经常发生于中原地域。每一次较大的战乱，都迫使中原人口南逃。其流徙的走向，大多是越过黄淮平原，渡过长江，而徽州这个"川谷崎岖，峰峦掩映"的"四塞之地"，恰似"世外桃源"，这正是南迁人口避难的理想之境。徽州历史上，曾有过三次大的中原衣冠南迁，一次是西晋末的"永嘉之乱"，中原有九氏入徙；一次为唐末的黄巢起义和安史之乱；

一次是北宋"靖康之乱"所导致的。三次大规模北方居民南迁徽州，成为徽州 75 个姓氏的主要来源。这些中原士民的迁入，使汉越文化进行了三次大的交融，因此，徽州名族有 80% 以上都是由外地迁来的，可见徽州大体上是一个移民的社会。因此，各地的方言和风俗都能在徽州这里找到。所以《金瓶梅》中的方言和风俗与徽州方言和风俗有部分相同，不能佐证汪道昆就是《金瓶梅》的作者。

第三，从伦理道德方面来讲，程朱理学在徽州的影响极深。朱熹被视为最得孔孟之道的真传之人，在徽州被加以顶礼膜拜。《茗洲吴氏家典·序》则说："我新安为朱子桑梓之邦，则宜读朱子之书，取朱子之教，秉朱子之礼，以邹鲁之风自待，而以邹鲁之风传之子若孙也。"① 可见，理学已经成为徽州民众普遍认可的生活准则和道德规范，具有广泛的舆论认同。徽州传统宗族制度与伦理道德精神堪称正宗中华文化的代表。《金瓶梅》是中国文学史上第一部由文人独立创作的以市井人物与世俗风情为描写中心的长篇小说。《金瓶梅》摆脱了程朱理学这一传统，以现实社会中的人物和家庭日常生活为题材，使中国小说现实主义创作方法日臻成熟，为其后《红楼梦》的出现做了必不可少的探索和准备。这样的小说，主要描写的是男女情欲之事，但是现代对其评价很高，因为它是一本在无奈历史背景下的抗争之书，书中众多的女性的争风吃醋，在一定程度上反映了当时社会底层人民的抗争，这在当时程朱理学思想统治之下的徽州，没有人敢冲破这种理学禁锢。《金瓶梅》中的风流韵事，是与新安理学精神相违背的。再加上汪道昆出生于商贾家庭，祖父和父亲都是饱读诗书，有文化、有修养的大户人家，汪道昆也不会做一些伤风败俗的事情来，也不会给祖宗留下不光彩的形象。

_____

① （清）吴青羽：《茗洲吴氏家典》，雍正十三年刊本。

第四，汪道昆是否是《金瓶梅》的作者，这是对一个历史人物的考证，历史学是科学，它的对象是客观存在的历史，它的任务是求真。论证汪道昆就是《金瓶梅》作者，不能只作简单的、表层的、现象的描写，而且要通过现象、表层发掘其内容中深层的、本质的、规律的东西。不能用差不多、也许是、可能这样的词汇来对历史做定论和概括，这种逻辑思维是不能成立的。当然，汪道昆是否作《金瓶梅》，作为一种猜想和推测也未尝不可，但要下结论，没有铁的证据，难以服人。

最近偶读《金瓶梅新证》一书，作者潘承玉，1999年黄山书社出版，此书也想寻找出《金瓶梅》作者是谁，书中列举了大量的实物、民俗、方言等来佐证，证明《金瓶梅》一书与绍兴有着非常密切的关系，作者断定《金瓶梅》的作者就是绍兴的徐渭。

徐渭（1521—1593），初字文清，改字文长，号天池山人、金回山人、山阴布衣、白鹇山人、青藤道人、鹅鼻山侬等别号。山阴（今浙江绍兴）人。明代杰出的文学艺术家，列为中国古代十大画家之一。徐渭生性聪敏才华，《明史·文苑传》说他"天才超轶"，十几岁即模仿扬雄《解嘲》作《释毁》。其多才多艺，在书画、诗文、戏曲等领域均有很深造诣，且能独树一帜，给当时与后代都留下了深远的影响。但这样一个天才却极不得志，一生经历坎坷，曾八次乡试都名落孙山，处在一个文人步履维艰的明代后期，终生未能得志于"功名"，还屡遭厄运。他四处游历，写诗作画，以卖书画为生。到晚年闭门不出，凄凉孤独，穷困交加，他在"墨葡萄图"这幅作品上的题诗，正反映了他内心的倾诉："半生落魄已成翁，独立书斋啸晚风。笔底明珠无处卖，闲抛闲掷野藤中。"徐渭悲剧的一生，愤懑、抑郁、孤独、凄凉的内心世界，加上天生不羁的艺术秉性，"放浪曲糵，恣情山水"，纵横奔放的狂人性格，造就了艺术的奇人。

《金瓶梅新证》其中有一节写道："早在30年代，英国汉学家阿瑟·韦利就提出了《金瓶梅》作者应为徐渭的看法；遗憾的是，这一见解却是建立在一个似乎不可思议的有关姓名的大误解之上。因此，随着误解被点破，旧'徐渭说'80年代以来，一直被弃若敝屣，无人理睬。但是，人们没有想到，自然科学的研究中存在巧合，人文科学的研究同样有'歪打正着'的时候。将无数的蛛丝马迹归到一起，人们应该承认，那位英国汉学家的确撞着了《金瓶梅》作者的秘密。"这位英国汉学家也为作者提供了一条重要线索。作者沿着这条线索开始探讨《金瓶梅》与徐渭之间的密切关系。其一，诸谜谜底为"浙东绍兴府山阴县徐渭"。其二，徐渭符合《金瓶梅》作者的一切条件。其三，徐渭晚年暗示他有一部名含"瓶梅"的长篇小说。作者从这三个方面进行深入研究，不管你信与不信，确实言之有理，不落俗套，似乎针针见血。

　　《金瓶梅》作者问题，是否是汪道昆以及王世贞、李卓吾、冯惟敏、李渔、徐渭、李开先、屠隆等文人墨客，其实都不重要了，"兰陵笑笑生"就是《金瓶梅》的作者。

第四章　徽商情缘

　　徽州是一个介于万山环抱"川谷崎岖，峰峦掩映"的四塞之地，山多地少，经济落后，自魏晋以来中原战乱不迭，大量的人口涌入徽州，将此作为避乱的"世外桃源"。因而出现"地狭人稠，力耕所出，不足以供"的状况。为了谋求生活，徽州人不得不离开故土，到经济相对发达的江浙一带经商，至今在徽州还流传这样谚语："前世不修，生在徽州，十三四岁，往外一丢。"这是古徽州人在外经商的真实生活写照，也成为徽州商人的传统习俗。

第一节　徽州是商贾之乡

　　明代嘉靖、万历时，徽州人从商已成为一种社会风尚，形成了很强的群体意识。徽商群体意识的形成，则能够更大程度上发挥个人的潜力，从而推动徽商的发展。

　　"徽商"的"徽"不是指安徽，而是指明清时期的徽州府。当时，徽州府下辖6个县：歙、黟、休宁、祁门、绩溪、婺源（今属江西）。然而，"徽商"一词的来源又从何开始？这既是我们研究的对象，同时又是解决学术上一个争议的问题。学术界在徽商研究中，有一个争议的问题，那便是"徽商"形成于何时？对此学术界大约有4种看法：1. 东晋说。2. 南宋说。3. 元末明初说。4. 明代中叶说。对徽商的形成如此众说纷纭，一个重要的原因就是对"徽商"一词的涵义没有清楚地了解和细致的考察。

"徽商"不是泛指徽州商人，它是有其特定的涵义。"徽商"既是从许多单个人的徽州商人特性中抽象出来的普遍概念，又是从"商人"这个属概念中划分出来的概念。尽管在当时"徽商"一词还没有被当作表达单独概念的专有名词使用，但由于徽商有其共同利益，共同特征，他们又往往结伙经商，共同行动，所以人们在实际生活中早已把徽商视为一个群体了。徽商一词最早出现在明代。万历《嘉定县志》上就记载南翔镇"（南翔镇）在县治南二十四里。……往多徽商侨寓。百货填集，甲于诸镇。"① 万历《杭州府志》载："（杭州）南北二山，风气盘结，实城廓之护龙，百万居民坟墓之所在也。往时徽商无在此图葬者，迩来冒籍占产，巧生盗心。或毁人之护沙，或断人之来脉，致于涉讼，群起助金，恃富凌人，必胜斯已。……此患在成化时未炽，故志不载，今不为之所，则杭无卜吉之地矣。"② 说明徽商在万历时期，已是群体。明人笔记《云间杂识》记载成化末，松江一带有不少徽州商人在那里做生意，故记曰："成化末，有显宦满载归，一老人踵门拜不已。官骇问故。对曰：'松民之财，多被徽商搬去，今赖君返之，敢不称谢。'宦惭不能答。"③ 松江是徽商早年最活跃的地方，徽商一词首先在这里流行是合乎情理的。"徽商"成词，是反映以徽州地域为中心的商人群体，也即是徽州商帮，而不是指个别的零散的徽州商人。在明清时期，把地域名称和"商"结在一起的如"晋商"、"陕商"、"闽商"、"潮（州）商"、"江右商"、"宁（波）绍（兴）商"等，都是指的商帮，而不是单个的商人。如果说，把"徽商"看作是徽州籍的商人，

① （明）张应武：《嘉定县志》卷1《市镇·南翔镇》，明万历三十三年本。
② （明）刘伯缙：《杭州府志》卷19《风俗》，齐鲁书社1996年版。
③ 张海鹏、王廷元：《明清徽商资料选编》，黄山书社1985年版，第223页。

那么，第三次社会大分工以后，各地都先后出现了使生产者的产品"销路一直扩展到遥远的地方"的"中间人"，这就是商人。那为什么许多地方未能出现地域名称和商连在一起的词呢？就以天津来说，明初就有天津卫，清设天津府，为什么没有出现"津商"？芜湖，也是一个老地域名称，也没有出现"芜商"，这就说明，这些地区虽有商人，但没有一个群体，亦即有商无帮。"徽商"之所以是一个商帮，是由于在明代，这里的从商人数就非常多了，所谓"十三在邑，十七在天下"。据徽州方志、谱牒记载，在嘉靖以后，徽人"出贾成风"，也足以说明徽州从商之众了。此时的徽州，不仅从商的人数多，而且资本雄厚，"藏镪百万者"不乏其人。正因为外出经商的人数多，势力大，于是在同一地区或城市经商的徽州人，便以"乡谊"、"族谊"为纽带，"以众帮众"为宗旨，以会馆、公所为其在异乡联络、计议的场所。于是结成了既"亲密"而又松散的自发形成的商人群体，这便是商帮。早在明代，徽州的歙县、休宁、黟县、绩溪、婺源的商人，就先后在北京、苏州各地建立了会馆。在京会馆，一是为同乡士子参加科举考试时提供的住宿场所；一是同乡和同业商人聚会的场所。商人会馆主要是同乡商人在异地经商聚会的场所。商人会馆的建立，是商帮形成的一个重要标志。

我们可以知道，在明代以前，没有"徽商"一词出现在文献记载中；也没有在异乡建会馆的事实。这就说明，徽商的形成不是在明代以前，因此，所谓"东晋说"即徽商起源于东晋，宋代得到了初步的发展，明嘉隆以后至清乾隆末年以前，发展到了全盛期；"南宋说"即徽商开始活动于宋，其盛始于明代中叶前后；徽商肇始于南宋后期，发展于元末明初，形成于明代中期，盛于明嘉靖以后至清康、雍时期，都是由于对"徽商"的涵义未作细致的考察。而"徽州会馆"最早出现在明中叶，这正是徽州商人群体在异乡从事商业活动的需要。我们在说明"徽商"一词的涵义之后，迎刃而解的便是：首先，"徽商"不是指单个的徽州商人，而是徽州商帮；其次，"徽商"是形成于明中叶，这与我国封建社会后期商品经济的发展，商人队伍的扩大，各地商帮的兴起都是相吻合的。

自从有徽商一词的出现，徽州人已开始大规模外出经商了。一代代徽商走出深山，创造了一个时代的神话。徽商便逐步操纵着所在经营地的许多重要商业部门以至执其牛耳，造成"无徽不成镇"的气势和局面，成为中国经济发展史上一道独特的风景。胡适先生曾说过，一个地方如果没有徽州人，那地方只是一个村落。徽州人来了，就开始成立店铺，逐步扩大，把村落变成小市镇了。这番话直白地道出了徽商在经营过程中对促进村落"都市化"做出了巨大贡献。徽州六县当中，黟县、绩溪从商风习较晚之外，其它几县商贾之风在明代中叶已盛行。汪道昆说："吾乡业贾者什家而七"①，而休宁则"以货殖为恒产"，祁门则"服田者十三，贾十七"，婺源则贩运木材和茶叶已尤为人们谋生的重要手段，从明代中叶时徽州便成为商贾之乡。

徽州商人在成弘年间，外出行贾就已经蔚然成风，"出贾"人数众多，"足迹几遍宇内"，其活动的范围和区域相当广泛。明代的两淮地区主要是徽商重要经营场所，临近的省中江苏、浙江、江西都是徽商经常出入贸易区域，较远的省份有湖广、山东、河南、河北等诸省都留下了徽商的足迹。尤其是沿长江流域的商业重镇集散地，那便是上海、苏州、扬州、南京、芜湖、九江、武汉、重庆等都是徽商到达的地方。特别是沿江重镇武汉处于东西的水上商业路线和南北陆上商业路线的交叉点上，是全国东西南北贸易的枢纽，地位极为重要。所谓："汉口不特为楚省咽喉，而云、贵、四川、湖南、广西、陕西、河南、江西之货，

---

① 汪道昆：《太函集》卷16《兖山汪长公六十寿序》。

皆于此焉转输，虽不欲雄天下不可得也。"① 徽州商人多以长途贩运为其经营的主要方式，所以，他们也自然看重武汉三镇这座有利可图的都市，并在此建立全国性的商业网络。武汉只是沿江都市的一个代表，这些沿江都市大多商贾辐辏，经济繁荣。徽商聚集于这些都市，实际上也是控制了这条黄金水道两岸的商业贸易。

从徽州商人外出经商的规模、活动范围以及所创造的财富，可以说徽州是一个商贾之乡。

第二节　徽商具有"民本"思想

汪道昆在《太函集》中对徽商为了争取社会政治地位，勇敢地向传统观念展开批判，利用传统的"民本"思想强调"民生"，利用儒学伦理表达为贾之道，利用"仁"的理念倡扬"睦婚任恤"之风，铸造和倡扬儒学义利以提升商业理性，利用"经世"思想强调日行践履、不畏艰难、执着追求，否定空疏理学，进行了详细阐述。徽商"以儒则市甲第，以贾则市素封，以奕则市国手。"② 充分体现徽商对人生价值的不懈追求。

古人云："天时不如地利，地利不如人和"，"地利"、"人和"对百事的兴废有着重要的作用。"人和"同样是商业经营成功的不可缺少的重要条件。俗话说：商场如战场。要想在商场上取胜，最重要的就是经营者要懂得积累之理，亦即如何使财富从无到有，从少到多积累起来。而"人和"就是起着决定性作用。人们常说"和气生财"，在这方面，徽商则有其独到之处。"人和"作为徽商经营的"民本"思想之一，徽商既重视保障每一个

---

① （清）刘献廷：《广阳杂记》卷4，清同治四年抄本。

② 汪道昆：《太函集》卷34《潘汀洲传》。

成员的经济利益，也重视协调自己与用事者之间的关系。徽商孙从理在浙江吴兴治理典业时，"慎择掌计若干曹，分部而治，良者岁受五秉，次者三之，又次者二之。"① 谨慎的选才和精明的使用方法使他最终成为以质剂起家的海阳上贾。再如休宁商程事心，"课僮奴数十人，行贾四方，指画意授，各尽其材"②，他能根据不同的职务选用人才，把各种优秀的人才团结在自己的周围，使得团体内部达到了协调与平衡。徽商的这种用人之道不仅可以充分发挥每一个用事者的积极性和首创精神，而且还可以增强团体效益。

此外，徽商在用人时，不仅明确授权，而且还对用事者表示信任，让他们放手大胆地工作。歙商阮长公（弼）在芜湖立局时，"召染人曹治之，无庸灌输，费省而利滋倍。"③ 也就是说，阮长公不随意干涉染工，结果无须劳神费心就获得了丰富的利润，正因为如此，汪道昆说他是"不操利权，亦犹之乎百谷之王左海。"④ 如果阮长公对染工疑虑重重，事事过问，那么必然会使他们产生戒心，不敢也不愿意对自己所事之业全力以赴。对下属信任是达到上下人际关系和谐的又一个重要因素。汪道昆这种关注徽商在经营活动的"民本"思想，也正是汪道昆通过《太函集》所表现出自己个人思想的体现。

所谓"民本"思想，完整的说法就是"民惟邦本"，汪道昆出生在商贾之家，对商人的了解和看法最为深刻，认为徽商也不都是唯利是图，见利忘义的人。

---

① 汪道昆：《太函集》卷52《海阳处士金仲翁配戴氏合葬墓志铭》。
② （明）缪昌期：《从野堂存稿》卷3，明乾坤正气集本。
③ 汪道昆：《太函集》卷35《明赐级阮长公传》。
④ 汪道昆：《太函集》卷35《明赐级阮长公传》。

第三节　徽商的儒、贾思想

徽商乃是闻名遐迩的儒商，这在同时代的商帮中，是无与伦比的。徽商是儒商，贾而好儒，亦贾亦儒，贾儒结合是徽商一大特点。汪道昆说："新都三贾一儒，要之文献国也。夫贾为厚利，儒为名高。夫人毕事儒不效，则弛儒而张贾；既侧身飨其利矣，及为子孙计，宁弛贾而张儒。一弛一张，迭相为用，不万钟则千驷，犹之转毂相巡，岂其单厚然乎哉，择术审矣。"① 徽州商人兢兢业业的追求"厚利"，但他们也不会忘记"名高"的宗旨。并且还说："贾名而儒行者，谓之儒贾"②。"儒贾"即"儒商"。在商业经营中，他们能以"以儒术饰贾事，远近慕悦"③。这把"儒商"的面貌基本勾勒出来了。另外关于贾儒的论述汪道昆在《乡饮三老传》是这样说道："新都犹齐鲁也，以文献著邦畿。其民二贾一儒，贾者足当阳翟。以儒訾贾，率坐两端。其一，亲于其身起家，言言墨守，何知仁义，仅取自封；其一，席故资，恣睢暴殄，为漏卮，为委土，为燎毛，即静躁不相与谋。要非端木、陶朱之属，彰彰矣。"④ 汪道昆高度赞扬端木、陶朱二人从商不光是为了赚钱，而且还行仁义。指出徽商能够发展壮大，成为商界一支劲旅，不光是要有吃苦耐劳的精神，而且还要有良好的商业道德风范，守信不欺，以道义经商，表现出可贵的商业道德精神。

所谓儒，本是指有专门知识和技艺的人，后来引申为"儒学"、"儒家"。中国从汉代"独尊儒术"之后，崇奉儒学的知识分子地位逐渐提高，"儒为席上珍"，他们受到社会的尊崇，于是

---

① 汪道昆：《太函集》卷52《海阳处士金仲翁配戴氏合葬墓志铭》。
② 汪道昆：《太函集》卷52《海阳处士金仲翁配戴氏合葬墓志铭》。
③ （明）黄玄豹：《潭渡黄氏族谱》卷9，雍正九年刊本。
④ 汪道昆：《太函集》卷38《乡饮三老传》。

人们往往在称"儒士"之外某些人或群体的身份之前，也冠以"儒"字，如"儒将"、"儒相"、"儒医"、"儒匠"、"儒商"等，都寓有褒意。称徽商为"儒商"，实际上是对这个商帮的美誉。

徽州商帮大多"业儒"出身，这是受徽州社会环境影响所致。在古徽州村落，读书蔚然成风。认为"第一等好事只是读书"，于是"山间茅屋书声响"，"十户之村，不废诵读"，士子们发奋攻读，纷纷跻身科举仕途。明代以后，因科举入仕的徽州人成批出现，同一村落"一门九进士，同胞两翰林"及"父子尚书"，已不鲜见，胡宗宪、汪道昆、许国等名重朝野的高官鸿儒便出自徽州。同时，这些人仕途上的成功又更加激发了徽州读书人的热情与欲望。为了创设良好的读书育人环境，徽州地区纷纷建立书院，影响较大的有紫阳书院、环古书院、东山书院等，还延请大家名流到书院讲学、切磋学问。另外，自东汉、两晋、唐末、北宋四次北方强宗大族的南迁，带来了先进的生产技术和中原文化，使这块土地逐渐成了华夏名区。完全可以说，徽州文化是对中原文化的包容整合。南宋以后，这里更是文风昌盛，人文荟萃，成了"东南邹鲁"、"礼仪之邦"。

在被称为"东南邹鲁"的徽州，"业儒"出身的商人，能够亦贾亦儒，他们在商业经营中，便能表现出儒商风度，亦即为人们所评述的："恂恂雅饰，贾而儒者也。"如明代休宁商人江遂志，行贾四方，"虽舟车道路，恒一卷自随，以周览古今贤不肖治乱兴亡之迹"①。程其美"年十六而外贸……然雅好诗书，美笔札，虽在客中，手不释卷"②。程锁，休宁巨商，他于"暇日乃召宾客，称诗书，其人则陈达甫、江氏莹、王仲房；其书则《楚

① 歙县《济阳江氏宗谱》卷9《明光禄丞乡饮大宾应公厚传》，道光十八年刊本。
② 《旌阳程氏宗谱》卷13《淇美程君传》，清刊本。

辞》、《战国策》、《孙武子》、《史记》"。汪道昆评论他:"迄今遗风具在,不亦翩翩乎儒哉!"[1] 像休宁商人汪坦,虽托游于货利之场,然非义弗取。"其遇物也咸取其直而济之以文雅"[2]。他不仅不牟暴利,而且待人谦和。歙商张景文出身于"文学之家",后来"更修卓郑业经商",他在商场中,"然终以儒贾事龌龊琐屑,较计锱铢"[3]。这是一般钻营小利的刁猾之辈不能比拟的。在两浙经营盐业的鲍解占,"旦混迹廛市,一以书生之道行之,一切生家智巧机利摒不用"[4]。鲍解占所行的"书生之道",实际上就是"儒道",其"行"则表现出儒者之风。

儒和贾在一定时间内可视主客观条件而弛张,大凡"诎者力不足于贾,去而为儒,赢者才不足于儒,则反而归贾"[5]。诚如汪道昆所言:"大江以南,新都以文物著,其俗不儒则贾,相代若践更"[6]。但其最终还得由贾入儒,实现缙绅化,取得社会地位,以达到光宗耀祖的理想目标。光宗耀祖是家庭伦理观念的核心,在这种不同于个人主义的家庭主义社会中,也只有当官,提高其宗族的社会地位,自己的地位才能得到真正的确立和巩固。这些所谓"贾名而儒行"的人,既已成为富商,又欲挤入儒者之林,这在一定程度上也有利于壮大士人的队伍。所以,他们奋迹江湖的同时,也没有疏忽文化的修养。

不仅如此,徽商也是一支有商业道德的商帮。商业主体面临最重要的是公众,而公众是广大顾客。顾客的充分信赖是商业兴

---

① 汪道昆:《太函集》卷61《明处士休宁程长公墓表》。

② 汪道昆:《汪氏统宗谱》卷168,明刊本。

③ 《新安张氏续修支谱》卷29,顺治十六年刊本。

④ 歙新馆《鲍氏着存堂祠着》卷2,清刊本。

⑤ 汪道昆:《太函集》卷54《明故处士溪阳富长公墓志铭》。

⑥ 汪道昆:《太函集》卷55《诰赠奉直大夫户部员外郎程公暨赠宜人闵氏合葬墓志铭》。

旺发达的源泉，而良好的商业道德又是源头活水永不枯竭的保证。徽商正是看到这一点，所以坚持商业道德，成了他们在经营中普遍遵循的信条。徽商崇尚信义，诚信服人，反映了他们在商业上的远见，不惑于眼前小利。明代徽商汪通保在上海开典铺，生意越做越大，但他并未忘记"诚信"二字，"处士（汪通保）与诸子弟约，居他县毋操利权，出母钱毋以苦杂良，毋短少；收子钱毋入奇羡，毋以日计取盈。"① 意思是说不准子弟欺行霸市；贷人银钱，不准杂有恶钱，更不准短少；收入利钱时不要计较零头，也不要按日计算以多收利息。另外，徽商王子承经商所至"务推赤心"②。这种经商作风，当然深深赢得广大顾客的信任。

薄利竞争，甘当廉贾，这也是徽商成功的秘诀之一。徽商江次公有一段话很有代表性，他告诫从商的儿子说："余闻本富为上，末富次之，谓贾不若耕也。吾郡在山谷，即富者无可耕之田，不贾何待？且耕者什一，贾之廉者亦什一，贾何负于耕？古人病不廉，非病贾也，若第为廉贾。"③ 在他的眼里，农耕只能获取什一之利，经商也只取什一之利，就不会受到人们的诟骂，心理上也能得到平衡。徽商中的不少人正是抱着这样的宗旨甘当商场的廉贾。徽商潘汀洲说："既老，属诸子为良贾，诸孙为儒。"④ 这里的"廉贾"、"良贾"皆渗透着道德的含义。只有服贾而仁义，方可谓"廉贾"、"良贾"。汪道昆不仅在"仁义"为核心的道德价值面前，把徽商从"徽狗"提升到"人"的地位，而且在汪道昆笔下的徽商具有了"不义富且贵，于我若浮云"的高贵品质，以高高扬起徽商的人格力量。儒和贾在封建社会里，在传统世俗观念较深的市民眼中，这两条人生之路，本是不相融的异

---

① 汪道昆：《太函副墨》卷4《汪处士传》。
② 汪道昆：《太函集》卷17《寿城篇为长者王封君寿》。
③ 汪道昆：《太函集》卷45《明处士江次公墓志铭》。
④ 汪道昆：《太函集》卷34《潘汀洲传》。

途，而在汪道昆思想和认识上发生了根本的变化，儒、贾没有高贵和低贱之分，是"先儒后贾"还是"先贾后儒"或者是"亦儒亦贾"，从本质而言没有任何区别。为此汪道昆在《诰赠奉直大夫户部员外郎程公暨赠宜人闵氏合葬墓志铭》中道："良贾何负闳儒"！这种呐喊和呼吁，在当时可谓是冲破传统世俗观念，让世人感到震惊和希望，这充分显示了汪道昆对当时商人社会价值的肯定。

第四节　关注徽商的命运

　　汪道昆出生于商贾之家，当然关注着徽商的前途和命运，这也是情理之中的事情。尤其是像汪道昆这样的家庭就是一个典型贾儒相结合的代表，因此，汪道昆不仅关注自己的家庭而且也关注着整个徽州商人群体。明代万历《歙志·货殖》说："吾邑之不能不贾者，时也，亦情也。……今邑之人众几于汉一大都，所产谷粟不能供百分之一，安得不出而糊其口于四方也。谚语以贾为生意，不贾则无望，奈何不噩噩也。以贾为生，则何必子皮其人而后为贾哉。人人皆欲有生，人人不可无贾矣。"所以许多徽州人出于生存的需要外出经商，在徽商当中，"业儒"出身的人较多，他们在商业贸易竞争中，把握形势，洞悉商机，精打细算，善于取舍，并以徽商传统的"徽骆驼"进取精神，从一个个小本经营便逐渐成为"家业隆起"，即有这样一个说法，"五年而中（贾），十年而上（贾）矣"。真所谓"藏镪"二三十万、百万者不乏其人，其有以千万计者，可以说徽商创造了一个个商业奇迹。然而徽商成功之后，却遭到一些骂名和恶意诽谤，尤其是徽商活动频繁的江浙一带，诬陷徽商是"唯利是图"、"见利忘义"、"徽狗"以及"徽骆驼"等。明代凌蒙初《初刻拍案惊奇》里有一居金陵的徽州卫朝奉极具代表性，"却说那卫朝奉平素是个极刻薄之人，初到南京时，只是一个小小解铺，他却有百般的昧心取利之法。假如别人将东西去解时，他却把那九六七银子充作纹银，又将小小的等子称出，还要欠几分兑头，后来赎时，却把大大的天平兑将出去，又要你找足兑头，又要你补勾成色，小一丝时，他则不发货。又或将有金银珠宝首饰来解的，他看得金子，有十分成数，便一模二样，暗地里打造来换了，粗珠换了细珠，好宝换了低石，如此行事，不能细述。"① 从这个故事，似乎看到一个少年老成，足智多谋，以假乱真，以次充好的奸商。

另外，在《二刻拍案惊奇》卷 28《程朝奉单遇无头妇王通判双雪不明冤》② 载：

> 国朝成化年间，直隶徽州府有一个富人姓程。他那边土俗，但是有赀财的，就呼为朝奉。盖宋时有朝奉大夫，就像称呼富人为员外一般，总是尊他。这个程朝奉拥着巨万家私，真所谓饱暖生淫欲，心里只喜欢的是女色。见人家妇女生得有些姿容的，就千方百计，必要弄他到手才住。随你费下几多东西，他多不吝，只是以成事为主。……有一个卖酒的姓李叫做李方哥有妻陈氏生得十分娇媚，丰采动人。程朝奉动了火，终日将买酒为由，甜言软语，哄动他夫妻二人。虽是缠得熟分了，那陈氏也自正正气气，一时也勾搭不上。程朝奉道："天下的事，惟有利动人心，这家子是贫难之人，我拼舍着一主财，怕不上我的钩？私下钻求，不如明买。"一日对李方哥道："你一年卖酒，得利多少？"李方哥道："靠朝奉福荫，借此度得夫妻两口，便是好了。"程朝奉道：

---

① （明）凌蒙初：《初刻拍案惊奇》卷 15《卫朝奉狠心盘贵产》，时代文艺出版社 2010 年版。

② （明）凌蒙初：《二刻拍案惊奇》卷 28《程朝奉单无头妇王通判双雪不明冤》，时代文艺出版社 2010 年版。

"有得赢余么？"李方哥道："若有得一两二两赢余，便也留着些做个根本。而今只好绷绷拽拽，朝升暮合过去，那得赢余？"……朝奉笑道："我喜欢你家里一件物事，是不费你本钱的，我借来用用，仍旧还你。若肯时，我即时与你三十两。"……李方哥通红了脸道："朝奉没正经，怎如此取笑？"……程朝奉早已瞧科，就中取着三两多重一锭银子，塞在李方哥袖子里道："且拿着这锭去做样，一样十锭就是了。你自家两个计较去。"李方哥半推半就的接了。程朝奉正是会家不忙，见接了银子，晓得有了机关。说道："我去去再来讨回音。"李方哥进到内房，与妻陈氏说道："果然你昨日猜得不差，原来真是此意。

《二刻拍案惊奇》卷15《韩侍郎婢作夫人》载：一个徽州商人，在扬州收一个叫江爱娘的为义女。

遂把此意对江爱娘说道："在下年四十余岁，与小娘子年纪不等。况且家中原有大孺人，今扬州典当内，又有二孺人。前日只因看见小娘子生得貌美，故此一时聘娶了来。昨晚梦见神明说，小娘子是个贵人，与在下非是配偶。今不敢胡乱，辱莫了小娘子。在下痴长一半年纪，不若认为义父女，等待寻个好姻缘配着，图个往来。小娘子意下何如？"江爱娘听见说不做妾做女，有什么不肯处？答应道："但凭尊意，只恐不中抬举。"当下起身，插烛也似拜了徽商四拜，以后只称徽商做"爹爹"，徽商称爱娘做"大姐"，各床而睡。同行至扬州当里，只说是路上对结拜的朋友女儿，托他寻人家的。也就吩咐媒婆替他四下里寻亲事。正是春初时节，恰好凑巧，韩侍郎带领家眷上任，舟过扬州，夫人有病，要娶个偏房，就便服侍夫人。停舟在关下，此话一闻，那些做媒婆的如蝇聚膻，来的何止三四十起，各处寻将出来，多看得不中意。落末有个人说："徽州当里，有个干女儿，说是太仓州来的，模样绝美，也是肯与人为妾的，问问也好。"其间就有媒婆叨揽去当里来说。原来徽州人有个僻性，是乌纱帽、红绣鞋，一生只这两件，不争银子，其余诸事悭吝了。听见说个韩侍郎娶妾，先自软摊了半边，自夸梦兆有准，巴不得就成了。韩府也叫人看过，看得十分中意。徽商认做自己女儿，不争财物，反赔嫁妆，只贪个纱帽往来，便自心满意足。

这类史料，在野史、小说等著作中可谓俯拾即是，徽州商人的形象如此受到损毁，似乎徽州商人只爱两件宝："乌纱帽"、"红绣鞋"。商人常被攻为"不务仁义之行，而徒以机利相高"为谋生之道，至于人生的尊严，社会的道德都被抛弃，实际情况并非如此，汪道昆认为徽州商人具有义利和勤俭的一面并加以歌颂，这方面的史料在《太函集》中有详细记载：

> 彼中驵侩分行，独赫蹄莫之适主。长公策曰："此吾业也。"请职赫蹄，乃鸩其曹，敛母钱，躬载橐而规便利，就诸捆载者，悉居之留都，转运而分给其曹，利且数倍。
>
> 时购者争得采，利归染人，长公复策曰："非独染人能白可采也。"乃自芜湖立局，召染人曹治之，无庸灌输，费省而利滋倍，五方购者益集，其所转毂，遍于吴、越、荆、梁、燕、豫、齐、鲁之间。则又分局而贾要津。长公为祭酒，升降赢缩，莫不受成。即长公不操利权，亦犹之乎百谷之王左海。
>
> ……
>
> 岁乙卯，岛夷自越突新都，且薄芜湖。芜湖故无城，守

土者束手无策。长公倡贾少年强有力者，合土著壮丁数千人，刑牲而誓之曰："寇邪？虎邪？虎而崮手可搏，虎而翼矢可加，如其寇也，则业已穷，虽张，吾侪直醢之以谢天子。"寇侦有备，而宵遁。所部上御寇功，将首长公，且下章服，长公辞之力："贾竖子，何敢以此钓奇，有如异日者，寇至亦将倚办诸贾人，则吾为之俑也。"

　　居数年，群盗劫县库。议城芜湖，监司首召长公扶义倡众。长公应召，以身为版筑先，城完而坚，如期而告成事。所部再下章服，固辞如初。芜湖道出南陵，险而漳，病行者，长公捐金以倡诸贾，甃而夷。①

　　以上材料是汪道昆着重记载一个徽商阮弼来芜湖经营浆染业，因审时度势，把握商机，并设染局，规模宏大，分店又多，生产技术不断改进，故产品精美，畅销各地，获取丰厚的利润。由于嘉靖时期的政治腐败，地方官大多昏庸无能。日本的海上强盗（倭寇），趁机对我国东南沿海地区进行烧杀抢掠，造成巨大灾难。此间，有一支倭寇自杭州入徽州，寇南陵，窜犯芜湖，在芜湖的青弋江南岸大肆焚掠。那时芜湖尚无城墙可资守御，官吏束手无策，在这紧急关头，歙商阮弼却毅然负起守土之责。他倡议捐资召募强壮少年，集合土著壮丁数千人，刑牲而誓，阮弼并做了战前动员："寇邪？虎邪？虎而崮手可搏，虎而翼矢可加。如其寇也，则业已穷"数千人同仇敌忾，誓与倭寇决一死战。寇侦有备，终于宵遁，使芜湖避免了一场浩劫。事后，有司上报御寇之功，群推阮弼为首，阮弼力辞。明代芜湖至南陵，路窄地险，交通非常不便，许多徽商奔走往来于其间。阮弼捐金以倡诸贾，在他的带动下，这条道路得到修治，行旅比较方便，后来，

---

　　①　汪道昆：《太函集》卷35《明赐级阮长公传》。

人们为了纪念阮弼，把芜湖西门称为"弼赋门"。以上的事实描写，也充分表明了汪道昆对徽州商人的肯定。

"天下熙熙，皆为利来；天下攘攘，皆为利往。"这似乎成为商业谋生规律，但这种物质的欲望和追求，通常被认为是不道德的。然而"君子爱财，取之有道"。商人也要讲究商业道德，崇尚信义，甘当廉贾。而汪道昆笔下的徽商就是这种廉贾，以义取利的商人。

> 少间，则挟策读书不辍业。母谓："孺子病且无以为家，第糊口四方，毋系一经为也。"长公乃结举宗贤豪者得十人，俱人持三百缗为合从，贾吴兴新市。时诸程鼎盛，诸侠少奢溢相高，长公与十人者盟，务负俗攻苦，出而即次，即隆冬不炉，截竹为筒，曳踵车轮，以当炙热，久之业骎骎起，十人者皆致不赀。长公中年，客溧水，其俗春出母钱，贷下户，秋倍收子钱，长公居息市中，终岁不过什一，细民称便，争赴长公。癸卯，谷贱伤农，诸贾人持谷价不予，长公独予平价囤积之。明年，饥，谷踊贵，长公出谷市诸下户，价如往年平，境内德长公，诵义至今不绝。[1]
>
> 处士名通保，字处全，姓汪氏，歙岩镇人也。其先由唐模析居岩镇，盖余同宗云。处士始成童，以积著居上海，倜傥负大节，倾贤豪。上海人多处士能，争附处士。初处士受贾，资不踰中人。既日益饶，附处士者益众。处士乃就彼中治垣屋，部署诸子弟四面开户以居，客至，则四面应之，户无留屦。……居有顷，乃大饶。里中富人无出处士右者。处士善施予，务振人之穷，举宗或不能丧，则置封域，予葬地。[2]

---

① 汪道昆：《太函集》卷 61《明处士休宁程长公墓表》。
② 汪道昆：《太函集》卷 28《汪处士传》。

以上两则事例，是汪道昆笔下颂扬徽商合法经商，致富不忘施善举，反映了徽商的经商道德和金钱价值观念。

徽州商人，可谓勤俭甲天下，故富亦甲天下。商人如果没有吃苦耐劳的精神，没有精打细算的本事，便不能成为一个成功的商人。徽商代代相传的勤俭风尚，实则是代代相传的致富"秘诀"。徽商的勤俭，是在恶劣的自然环境中养成的。土地贫瘠，使他们必须勤劳耕作，才能有所收获。粮食缺乏，使他们必须精打细算，才能在吃不饱也饿不死的状态中一年年度过。但习惯成自然，当他们不必再困守土地，也不必再为饥饿发愁时，他们经商范围"几遍禹（宇）内"，并赢得"无徽不成镇"之誉时，却依然执着于勤俭的传统。因此，汪道昆再一次把目光聚焦到徽商勤俭方面，以便对徽商命运的关注和地位的评价。歙县商人汪海，"虽服上贾，毂衣食，出无舆。孺人不袆不琈，泊如也。"① 另一歙商吴荣让家资巨万，而自己穿着仍然是"居常衣大布衣，饭脱粟，比厮养之最下者。"② 早在我国古代《尚书》就有："克勤于邦、克俭于家。"勤与俭是中国传统的节俭美德，是"礼仪之邦"的具体表现。在《肇域志·徽州府》中，就有"新都勤俭甲天下，故富亦甲天下"这样的声誉和地位，可以看出，勤俭同徽商的命运是息息相关的。

徽州商人创造了辉煌的业绩和财富，人们在感叹和赞扬的同时，也为那些在幕后付出了巨大牺牲的徽商妇女们感到震惊。她们留守故里持家兴业、孝敬父母、培育子女，让在外经商的夫君无后顾之忧，但在情感上承受了令人难以想象的痛苦和煎熬。常言道："一个成功的男人背后总有一个全身心支持他、挚爱着他的女人"。汪道昆不仅颂扬徽商成功之道，而且也关注徽商妇的

---

① 汪道昆：《太函集》卷55《明处士充山汪长公配孙孺人合葬墓志铭》。

② 汪道昆：《太函集》卷47《明故处士吴公孺人陈氏合葬墓志铭》。

勤俭持家、扶助夫君经商的贤德之功。

　　始金母在公宫，事其母孝。母疾，辄叩北斗，请以身代之。及金母有家，事舅姑如事父母。初，金长公居子舍，而长公父贾方州，母谓长公："乡人亦以贾代耕耳。即舅在贾，君奈何以其故家食邪？"乃具资斧，赞长公贾于淮。居数年，长公骎骎起矣，卒至饶益，则母有首事功。母举丈夫子二人，悉遣之就太学。长公即世，母日进子若妇，程督之。邑人谓："金之阜昌，多母力也。"即母以一田舍翁妇，独有闻乡曲间，察于人伦，孝顺慈备矣。古者乡大夫存问长老，务表其独行以风人人，先生是已。①

　　及仲有室，则自戴来归。戴娴于内则诸篇，握长算。始仲事占毕，相以鸡鸣。居顷之，既悉中外情状，从容就仲语："君固当儒，第舅年数日侵，游道日广，即操利权如箕敛，将不胜劳。窃为君策之，宜以身侠。舅老顾日几几必偿来者为显亲地，不已疏乎！"仲谢曰："子其先得我心，吾将从子决策矣。"戴乃脱装，具资斧，仲从父贾淮海，起盂城。父授之成，贾骎骎起。及父客死，仲持父丧归。丧毕，而就盂城，力修故业，居常以然诺取重，族类归心。积二十年，业大起。②

以上两则史料都来源于汪道昆之笔，颂扬徽商妇"乃具资斧，赞长公贾于淮"，"戴乃脱装，具资斧，仲从父贾淮海"，含辛茹苦，上孝父母、下育子女，操持家庭、并协助丈夫之功。她们的贤德、劳苦，和徽商经营成功是紧密地联系在一起。徽州商

①　汪道昆：《太函集》卷11《金母七十寿序》。
②　汪道昆：《太函集》卷52《海阳处士金仲翁配戴氏合葬墓志铭》。

人在外行商坐贾都离不开妻子的默默支持，徽商创造的"无徽不成镇"的奇迹，这其中的荣誉有他们妻子的一半功劳。正因为如此，许多徽商也感叹："卒能起家累千金者，孺人内助之功不少也。"① 汪道昆对徽商以及对徽商妻子的称赞，也是对商人价值观的肯定。徽商不仅创造了物质财富，而且也创造了精神财富，创造了博大精深的徽州文化，如一位徽学专家论断："一定的经济，往往孕育着一定的文化。在徽州经济发展的同时，也形成和发展了颇具风格的'徽州文化'。徽商正是'徽州文化'的酵母。从宏观角度来看，徽商正是'徽州文化'的'酵母'。"②

第五节　《太函集》中的徽商传记

汪道昆作为明代鸿儒，对徽商却情有独钟，在《太函集》中倾注了大量的笔墨和感情，阅读起来确实耐人寻味，引人深思。"汪道昆《太函集》中有传记235篇，其中为商人的77篇。在这77篇中，有71篇传主为徽商。"③ 可见其篇幅还是很大的，反映作者对徽州商人的重视。下面简要列举《太函集》中徽州商人主要经商过程。

（1）查八十，名鼐，休宁北门人也，字廷和。鼐父珂，母刘氏。母梦灵龟入卧内，遂有身，既而生男，会大父华年八十，大父喜，命曰八十云。大父以贾起家，鼐从父兄受贾，少负意气，务上人。④

（2）吾郡中称闾右世家，首东门许氏。长公自父及子，三世

---

① （明）汪湘：《汪氏统宗谱》卷31《行状》，明隆庆四年刻本。

② 张海鹏：《徽商—酿造徽州文化的"酵母"》，《东方讯报》1994年3月22日。

③ 耿传友：《汪道昆商人传记研究》，2002年安徽大学硕士学位论文。

④ 汪道昆：《太函集》卷28《查八十传》。

皆受室吾宗。长公始孩，乃倍母，畜外王父所，即多奇。父汝贤、叔汝弼客东吴，并以盐策贾。长公稍长，父舍贾归，则命长公从叔游。叔操长公廪廪，长公善心计，即旷日久，可覆秋毫。叔一切倚办长公，无不当叔。叔喜客，长公独务为俭，佐客资。①

（3）歙南有长者曰曹文修，文修以字行，名演。曹氏家世受礼，公大父观，父祯，及其子楼，递以明经首举于乡。公幼孤，寡母王珍之甚，则以先世中折，藐孤毋学儒。公惧伤母心，遂舍儒而贾以为养。始服下贾，辄操心计，中废居，骎骎乎五年而中，十年而上矣。②

（4）初，公父处士命伯以儒，仲以贾。仲无禄蚤世，公不释业，代贾真州。家世用陶公，独与时逐，或用盐监，或用橦布，或用质剂，周游江淮吴越，务协地宜。邑中宿贾，若诸汪、诸吴悉从公决策受成，皆累巨万。真州诸贾为会，率以赀为差：上贾据上坐，中贾次之，下贾侍侧。时余婚氏黄翁当居上，翁踽蹐而虚左待公。公后至，诘其由，坐客以状对，公奋臂大呼曰："吾乡礼让国也，无宁以什百相役仆哉！"众翕然从之，公遂左。③

（5）歙阮长公弼，字良臣，世家岩镇。少承家末造，躬力贾起芜湖，两邑交重长公，人人诵义，具曰长公者。或曰："石泉翁云：长公考氏承故饶，挈挈务振人急，诸告急者至，无虑赢诎，应之；无以应则为之出所有而质子钱，家质穷则假他人之有以为质。夫人则以其仁足愚也，率假不归，复称贷以赏他人，积逋数百，乃大困长公。"始就学，日记数千言，盖与大司徒鲍公同师。……市中故多医，复不利，长公叹曰："吾欲为良士，无修糈则无师，良士安可为也？吾欲为良医，医必历试。一不验将

①　汪道昆：《太函集》卷29《许长公传》。
②　汪道昆：《太函集》卷33《赠奉政大夫户部贵州清吏司郎中曹公传》。
③　汪道昆：《太函集》卷34《潘汀州传》。

杀人，良医安可为也？"因自请于考氏："郡人率以贾代耕，虽有良田，不耕不获。吾家负宿逋不报，宁坐困而不求治生，自今犹复悠悠，何以仰事？儿请具资斧，将服下贾于四方。"则之芜湖，盖襟带一都会也。舟车辐辏，是可以得万货之情。雅以然诺重诸贾人，不言而信，其言可市。诸贾人奉之如季河东。①

（6）念母在，安能事远游，则收余烬而之淮北。其贾盐策，三岁一更，则又徙钱塘，将母为近。诸贾率以奸富，不坐尺籍则坐鬼薪，汝拙与二弟俱奉法凛凛其后。食指日聚，力诎举赢，居息岁减有差，乃大耗。②

（7）率水沿海阳入浙江，程氏聚族而里。其口曰：率口。其系出晋太守梁开封府，其始迁自宋宣议敦临里。长者程惟清，以质行著，盖自曾大父及大父及父，皆独子，门祚故单。父尝为儒受经矣，大父命之曰："忠烈，而不遑儒，而以贾当户。"父息子四，叔则惟清。叔尝为儒受经矣。父命之曰："洁尔！伯也、仲也贾，无如叔也才。而不遑儒，而其左右二昆，力贾以糊余口。"叔唯唯惟命，务在先承。命之儒则儒，先躬行而后经艺；命之贾则贾，先筹算而后锥刀。遂以盐策贾荆、扬，以居息贾京邑。伯仲争下叔，受成居多。凡诸化居，必叔为政。③

（8）其居西沙溪，其名（汪）徽寿，其人长者，其年杖国中。少游宛，服下贾南徐为宛陵属邑，主灌输久之，以诎为赢，遂操母钱，而息什一。人以缓急来赴，必辨应之，赢过当者，罢勿征。门外胥出入者踵相接也。业滋起，有而不居。故受室于吴，仅息女一，字东里许可进，举二甥。抚兄子五人，贾授资，居授室，昏授禽，即后应环顾，壹视之，无差等。④

① 汪道昆：《太函集》卷35《明赐级阮长公传》。
② 汪道昆：《太函集》卷36《吴汝拙传》。
③ 汪道昆：《太函集》卷37《海阳长者程惟清传》。
④ 汪道昆：《太函集》卷38《乡饮三老传》。

（9）吾宗分门者三，吾门为上。……世大父生十一府君，字文盛，讳（汪）良榕，盖继别之宗，是曰世叔。……吾家自曾大父以上，率孝弟力田。自大父亢贾，始宗盐策。世大父亦罢北贾，与大父俱，相与起瓯括，徙武林，业骎骎起。世大父则以中岁仅独子，宜蚤婚，媒氏谓奚南吴翁女良，第差少耳。卜之上吉，叔母年十五而笄。世叔出武林，从世大父受贾，世大父若吾大父，目三子皆能贾，"吾两人者盍归休"。吾父、叔喜事而张，其息日削；世叔独操故业，断断无他。岁计有余，资斧日益。于时七穆并起，世叔为魁。即不自用其长，当大事能无惧。①

（10）郡中世受素封，则吾宗著业睦。九十三翁故长者，三索而得季公。季公名琨，既冠而字之曰良玉。翁既服贾。察三子能修其业，则释业授之。于是贾闽、贾吴，业骎骎起。以盐策贾淮海、江汉，并起不赀。即长公璨以主器当中权，而季公独以心计，多奇中，度迟疾，测低昂，与时逐，犹烛照之，长公悉藉。季公远游，岁时递以方物奉庋阁，计程期未达，不敢先尝。庭内怡怡，无间言。凡诸出纳，必矜取予，尝贷母钱市盐数万，赢得可数千金。②

（11）王君，名全，字守一。季年以赀赐级承事郎。其先世居太原，唐观察使仲舒徙休宁宣仁里。承事蒙故业，客燕、赵、齐、楚间。卒入浙，用盐监起。部使者立承事为贾人祭酒，诸贾人有却，幸承事居其间，遂平。③

（12）按状，程出新安太守公后，留歙黄墩，其后徙休宁，家会里。会里递有显者，先世乃复徙歙，家临河。处士名正奎，字时耀，临河人也。父曰乐莘，母为胡延平希说女弟。成化丁酉

---

①　汪道昆：《太函集》卷39《世叔十一府君传》。
②　汪道昆：《太函集》卷42《明故处前洲汪季公行状》。
③　汪道昆：《太函集》卷45《明承事郎王君墓志铭》。

冬十一月，处士生。始学为儒，将就业，会父疾，命处士当户，乃从父受贾，以盐策贾吴越间。无何，以上贾闻，知大体。盐法，诸盐场皆按籍坐支。顾泽卤递增损，若户口逃亡，额课大减。处士请毋失课额，令得通融取盈，于法便。人谓高皇帝法，迄今数十百年，安敢议纷更？处士笑曰："高皇帝法，迄今数十百年，法穷矣。穷则变，变则通，庶可为长久计。故变则法在，不变则法亡，是在经国者。"有司以便宜请，诏从之，且令勒石盐官，著为令甲。既又议升水乡、足课额诸便事，盐政至令赖焉。处士以才取重当时，仇者中之中贵人毕真所，处士犹故倔强，率以正辞折真。诸子弟阴行间，乃罢之，然终不敢以告处士。及真以谋反诛死，仇者连坐，杖之廷。处士袖千金药内仇者口中，幸不死。仇者顿首曰："我倍处士，死当诛，处士顾独活我！"闻者率多处士长者，益附之。①

（13）吾乡多长者，其质行往往有闻。乃若负俗独行，宜莫如吴处士。处士名荣让，字子隐，歙西溪南人也。吴氏出唐御史少微先生后，住溪南。处士大父曰永新，父曰显盛，母程。既举处士，父出贾襄阳，乃就光化纳钟氏姬，有女矣。父殁，处士仅八年。大父母春秋高，日责甘毳。薄田四三亩，无以具饘粥。县吏岁责田租，近属移戍黔中。中年，责军费，母窘甚，独力作办应之，处士自夷童竖中搜松毛以爨。年十六，辄请奔丧。母泣曰："吾乡去楚三千里而遥，何以为资斧？"处士告母："孤业已六尺，亲丧之谓何？愿及今举蘽梩识之，胥后命。"乃匍匐光化，卜葬西湾冈。归而从诸宗人贾松江，稍自给。母命处士受室，乃请昏陈村。客间陈翁："吴氏子孤而贫，奈何予女？"陈翁目处士："此丈夫子也，毋患贫！"孺人始归，处士请从事光化。形家谓处士自楚归越，家始兴，地吉矣。即得地，楚越奚择邪？处士

---

① 汪道昆：《太函集》卷47《明故处士程长公孺人方氏合葬墓志铭》

谢曰："礼不忘首丘。孤终不以徼福而倍吾父。"于是奉父丧归葬，置田授女弟夫，主岁入，膳钟氏姬终身。归而递举高曾以下四丧，以次封树，次及亲戚之无主者，凡十九丧。当是时，生业仅仅耳。

其后数岁，处士始饶，则以里俗奢溢相高，非所以示子孙也。乃奉母帅妻子徙临溪。居顷之，习其俗，视故里等。乃奉母帅妻子徙桐庐，卜焦山居焉。处士喜曰："此吾畏垒也。"于是部署土著，以身先之。度原隰使田，度山林使种树。山林故多薪木，虎时时出噬人。处士议伐薪，居人则以为十岁利也。于是易以茶漆楂粟之利，积薪水浒，以十岁市之，民利视昔有加，虎患乃已。三年而聚，三年而穰。居二十年，处士自致巨万，远近襁至，庶几垺都君云。①

（14）次君名仕，字惟信，歙岩镇人，处士增寿中子。幼颖敏，日覆诵章句数千言。时游市中，观当局者博弈，辄赞局旁决胜，皆出奇。比从塾师，工书、数。处士故服贾，晚岁倦游。长君业以经术倾诸生，季君杰始肇革，念无可受贾者，意属次君。顾复奇次君材，犹豫未发。次君先意将顺，力请行。当是时，次君年十四，父党目相语也："彼其童而角邪？"及次君趋时居息，握算短长，即诸良贾争自下。先是，处士贾昌江，居陶器，分道并出，南售浙江，北售銮江，次君以"三江相距各千里而遥，左右狼顾惧不相及，非策也。銮江为江淮都会，当舟车水陆之冲，其并浙江归銮江，于策便"，既又以"古之货殖者必因天时，乘地利，务转毂，与时逐。毋系一隅"，于是以盐策贾江淮，质剂贾建业，粟贾越、布贾吴。方其画计，人不及知，往往策其必败。卒之赢得过当，皆自以为不如，始泽富。②

（15）古者右儒而左贾，吾郡或右贾而左儒，盖诎者力不足

① 汪道昆：《太函集》卷47《明故处士吴公孺人陈氏合葬墓志铭》。
② 汪道昆：《太函集》卷51《明故太学生潘次君暨配王氏合葬墓志铭》。

于贾，去而为儒，赢者才不足于儒，则反而归贾，此其大氐也。歙之西，故以贾起富，其倾县者称三吴。

三吴出溪南，即溪阳里。长公曰继善，是举丈夫子五人，其四以倾郡闻。季君无禄早世，居其讪。季曰自富，孺人戴，乃代有终。戴以刘姬进季君，有三息子，长即处士，名良儒。处士生九年而孤，戴子之如适。既从程登仕受室，请受经为儒，戴泣下而执处士手命曰："自而之先，诸大父鼎立，而父从诸父，固当岳立，不幸崩析，独不得视三公。未亡人从捆内而相形家，得而父兆吉，直将树衡霍而夷泰华，日几几于孺子望之。且而父资斧不收，蚕食者不啻过半，而儒固善，缓急奚赖耶？"处士退而深惟三，越宿而后反命，则曰："儒者直孳孳为名高，名亦利也；藉令承亲之志，无庸显亲扬名，利亦名也。不顺不可以为子，尚安事儒？乃今自母主计而财择之，敢不惟命！"于是收责齐鲁，什一仅存，瞿然而思："去国余三千里，徒以锥刀而沮，将毋，即巨万何为？吾乡贾者，首鱼盐，次布帛，贩缯则中贾耳，恶用远游？"乃去之吴淞江，以泉布起。时时奉母起居，捆载相及，月计者月至，岁计者岁轮。戴孺人笑曰："幸哉！孺子以贾胜儒，吾策得矣。脱或堪与果验，无忧子姓不儒。"①

（16）黄彦修及吾门，故得其考氏季公状，妣则吾宗之自出，女史亦尝纪之潜川。季公大父曰道明，以积著倾邑里。父曰天寿，息故业而倍之。岁储义仓，饥者待之举火。娶孺人鲍，纳如孺人何。息子三，伯子静，嫡也，最景陵令，父母皆受封。仲子显，季子钟，皆庶也。季英气勃勃，九龄而孤，兄伯仲而父事之，不敢以雁行齿伯。兄主资斧，兄子与焉。手割而三分之，季差薄，退然曰："孽何敢耦嫡？孤所不足者非锱铢。"季公既婚，孺人故富家女，其服御与里妇等，无所纷华。如孺人安子舍中，

---

① 汪道昆：《太函集》卷54《明故处士溪阳吴长公墓志铭》。

无谇语，以身下伯仲姒，无违言。季公呫呫："吾得妇可无内顾。"乃从仲兄贾婺、贾台、贾甄、贾括、贾姑孰、贾淮海、贾金陵。卜地利则与地迁，相时宜则与时逐。善心计，操利权如持衡。居数十年，累巨万。①

　　以上是《太函集》中的一部分徽商传记资料，这里不仅看到徽商的发展、徽商的活动范围、徽商的经营之道以及徽商成功致富秘诀；而且也看到了徽商并非被人歪曲为不择手段、不顾羞耻、利欲熏心、践踏商业道德、被人斥为"徽狗"的形象，而是向世人展示了徽州商人的"诚"、"信"、"义"的经营理念。

第六节　徽商的代言人

　　汪道昆作为徽商的后代，又是明代士大夫阶层人物，对徽商有着深厚的感情，其著作很多都是为徽商立言、立信的，一定程度上成为了徽商的代言人。

一、出身于商贾之家

　　余英时说："汪道昆出身新安商人家庭，祖父以盐业起家，汪家又与新安名商吴氏、黄氏、程氏、方氏诸家有姻戚关系。所以他可以说是新安商人的一个有力的代言人"②。确实，汪道昆与徽商关系密切，祖父汪守义号称"盐策祭酒"，为了能使长孙从小接受良好的教育，特提前退出商业活动回故里，专心培养汪道昆。聪明伶俐的汪道昆也没有辜负祖父希望，不仅勤奋好学，而且从小就懂得待人接物。祖父还经常带汪道昆到徽州各地游玩，介绍当地的风土人情，更不忘记向汪道昆灌输徽州人为了谋生，

---

　　① 汪道昆：《太函集》卷56《明故新安卫镇抚黄季公配孺人汪氏合葬墓志铭》。
　　② 余英时：《士与中国文化》，上海人民出版社1987年版，第530页。

不得不选择经商之路的理念。汪道昆的父亲汪良彬也继承了祖业，也长期服贾，汪道昆是这样描述其父：

> 先大父蚤不宜子，中岁，家大夫始生，甚珍之，不使干仕。稍长，从大父受贾，以盐策豪吴越间。家大夫不喜操利权，遂罢贾。……会大父母多病，家大夫日侍汤药，遂罢其业，业医。业既成，乡里穷乏者多所全活。既而曰："吾非鬻技，直欲以技活人。设有不精，徒令一人不得其死，即活千万，无为也。"自大母即世，不复言医。①

汪道昆其父开始也是"以盐策豪吴越间"，后来又弃贾从医。而汪道昆的舅舅蒋氏也是从事商业贸易。汪道昆在《太函集》中是这样记载：

> 道昆尝言："甚矣吾舅之似家司马也。"家司马世吾祖业，挟所有而钓奇。及余小子入官，始税驾家食。舅席外王父之产，费用故饶，日结客呼卢袭纨绮。及余小子就甥馆，褐衣怡怡，见丛客樗蒲，则惟恐卧。舅念甥蚤贵，终不为显者容，吾侪顾从诸侠少游，非夫也。乃笥纨绮，屏樗蒲，谢诸少年，折节为俭。始，家司马任侠东海，不受睚眦于人。归而折节贤豪，即唾其面不报。舅少用壮，雅以正直惮里中。涂遇不平，莫不辟易。中年而迁处士之义，跬步不出户庭。或就而质违言，闭勿内。当二姓初造，率以资斧相高。人言"贾非千旦不良，奈何依依子舍"？舅若家司马皆不欲也，则曰"父母在，终不以末利遗亲。"②

---

① 汪道昆：《太函集》卷85《家大夫述》。
② 汪道昆：《太函集》卷13《为外舅蒋次公寿序》。

汪道昆舅舅也是一个商贾之人，而且生意做得还是比较成功的。除此之外，汪道昆的妻子吴氏也是出自经商家庭。汪道昆说妻子吴氏："继室以吴恭人，出溪南吴氏。恭人父服贾，举季女淮西，甚珍之。"① 可见，汪道昆妻子的父亲也是商人，两家属于商贾联姻。另外，汪道昆还叙述长孙女嫁到商人家庭情况。

余长孙女归于吴，有甥矣。婿曰洵美，为太公曾孙。甥曰蓁昌，则玄孙也。吴氏世倾郡里，溪南先世中里为墙，墙以内为正室。太公世当户，曾大父命之名曰正中，字曰汝承，则授之邑矣。里俗席饶益，务芬华，太公独椎，削雕为朴，人言："江南故多怀利，安得鲁君子乎？"因号之曰鲁南。太公唯唯。世受贾，倾淮海，太公以主器当行，诸掌计者受成，故无适主。②

从以上的材料中我们不难看出汪道昆的家世和亲戚关系，大多都是商贾家庭，这对汪道昆成长和思想上的认识都会产生一定的影响。徽州是汪道昆的父母之邦，是其"根"之所在。所以，汪道昆对徽商倾注深厚的感情，可以说在他的体内流淌着商人的血液，其言行举止必须维护商人的利益和尊严，因而他用大量的笔墨来书写商人传记和墓志铭。

二、汪道昆继承王阳明的"四民"平等的价值观

王阳明的心学在徽州得到广泛流传之后，并一时间获得广泛传播和认同，同时也在意识形态领域有广泛影响。心学是明代儒学革新的产物，它在形式上打破了程朱理学的理论框架，其学说

---

① 汪道昆：《太函集》卷46《继室吴恭人墓志铭》。
② 汪道昆：《太函集》卷57《吴太公暨太母合葬墓志铭》。

的精髓或说基本理论框架在于重新建立了以"心即理"、"知行合一"、"致良知"等为基本范畴的心学思想体系。所以，王阳明的学说在明中晚期士人心目中有着崇高的地位和影响。王阳明还提出了四民平等观。王阳明提出："古者四民异业而同道，其尽心焉，一也。士以修治，农以具养，工以利器，商以通货，各就其资之所近，力之所及者而业焉，以求尽其心。其归要在于有益于生人之道，则一而已。士农以其尽心于修治具养者，而利器通货犹其士与农也。工商以其尽心于利器通货者，而修治具养，犹其工与商也。故曰：四民异业而同道。"① 王氏所强调的"道"无非是"有益于生人之道"，也就是说对社会有利，对民生有益，这样就能"尽其心"。王阳明能冷静面对社会现实，不回避商贾对士子的挑战，放下大儒的架子，委婉地承认四民平等的地位，要求将工商视为本业，反对重本抑末，为商贾鸣不平，实际上也是承认商人应享有与士同等的地位。王阳明提出的四民平等思想，冲击了传统的"四民"观，对工商作出全新的价值认定，尤其值得注意的是，他把传统观念中一直被视作"贱业"的工商摆到与士同等的水平，不存在有高低上下之分。王阳明只承认社会分工不同而绝无尊卑贵贱之分，认为社会分工依照的不是道德标准，士农工商之间不存在哪种职业低贱、哪种职业高尚的区别。这是当时社会认识的一大进步，是儒家社会观念上的一个发展，突破以往士人为中心的思维局限，把士农工商都纳入了思考范围。

　　汪道昆对王阳明的"四民"观念极其推崇。传统的"四民"观念是士、农、工、商，这种排列顺序在中国延长很久，直到明代，由于商业经济的发展和资本主义的萌芽，不仅促进了集市贸易的进一步发展，而且也带动了许多工商业城镇的兴起，新兴市

---

① （明）王阳明：《阳明全书》卷25《节庵方公墓表》，明隆庆刻本。

民阶层开始崛起。传统抑商观念开始松动，这在一定意义上打破了传统四民社会的等级秩序，市民对社会商人和商业的认识心态也发生了转变，一种求变和求平等的欲望开始在人们的思想中萌芽。在明代，弃儒从商者有之，商而后儒者亦有之。这也反映了传统四民观念的动摇及新四民观念的确立，从而为一般儒者弃儒就贾提供了理论依据。休宁商人程锁就是一个典型的事例：程锁早年习儒，后来经商，后又习儒业，汪道昆称赞程锁"迄今遗风具在，不亦翩翩乎儒哉！"① 这种现象在徽州尤其突出，先贾后儒、先儒后贾、贾而兼儒者比比皆是。徽州素称"东南邹鲁"，生于斯、长于斯的徽商，一个显明的特点是"贾而好儒"，"贾儒结合"，其本质是儒商。所以徽商获利之后，从儒入仕的人不在少数，正如汪道昆所言：

> 新都三贾一儒，要之文献国也。夫贾为厚利，儒为名高，夫人毕事儒不效，则弛儒而张贾，既则身绱其利矣。及为子孙计，宁弛贾而张儒。一弛一张，迭相为用，不万钟则千驷，犹之转毂相巡。②

汪道昆认为，儒和贾各有所得，一为"厚利"，一为"名高"，这是大多数徽商奉行的准则。只因"士而成功者十之一"，所以，在科举之途上碰壁的读书人就只好"弃儒从贾"，即"先儒后贾"，"以儒服贾"。这些儒生虽然改换"贾"服，但对儒学仍情有独钟。为了提高自己的政治地位，赢得封建政权的庇护，他们一方面不断向朝廷和官府捐银报效，另一方面把商业利润的一部分投资教育，培养子弟和同族学子通过科举进入封建政府的

---

① 汪道昆：《太函集》卷61《明处士休宁程长公墓表》。
② 汪道昆：《太函集》卷52《海阳处士金仲翁配戴氏合葬墓志铭》。

各级政权。与此同时，商人雄厚的财力，又为他们的子弟延请名师、四方游学、扩大视野、增长见识创造了有利条件。可以说，徽商在政治伦理上，是以程朱理学为依归的，而在经济伦理上却以王学的说教为本。汪道昆喊出"良贾何负闳儒"等声音，显然是对王阳明"四民异业而同道"，李梦阳的"士商异术而同心"等新四民观的重新定位。"贾为厚利，儒为名高"，贾、儒迭相为用，意味着"商"已置于"农工"之上而与"士"并列。从商已成为社会风尚，清醒的儒者不得不力倡"四民异业同道"，甚至发出商亦本业的呼声，这是顺应了时代的潮流。所以在汪道昆看来，传统的士、农、工、商四民观念已不适应，应重新排序为"士商农工"，以显示商人的社会地位提高。

第五章　汪道昆研究评述

汪道昆作为明代徽州历史人物，其在文坛上的影响和历史作用，是有目共睹的。他不仅武略超群、官位显赫，而且文韬也相当出众，文学造诣颇深，为文简而有法，作诗风骨俱佳，被誉为是明中期文坛"后五子"中的重要代表人物之一。据蒋元卿先生的《皖人书录》记载，汪道昆著作和编辑作品有：《太函集》120卷、《五车霏玉》34卷、《北虏纪略》1卷、《列女传》16卷、《汪南溟集》9卷、《太函副墨》5卷、《七列传》1卷、《楚骚品》1卷、《楞严纂注》10卷、《春秋左传节文》15卷、《数钱叶谱》1卷等。汪道昆还精通音律，在戏曲创作方面有较高水准，所制杂剧清新俊逸、诙谐多姿，影响巨大，传世的共有5种：《高唐梦》、《五湖游》、《远山戏》、《洛水悲》、《唐明皇七夕长生殿》。

第一节　汪道昆研究成果

汪道昆在中国文学史和中国历史上都是一个备受争议的人物，历来对汪道昆的评价有褒有贬，但这都不影响对汪道昆的研究，学术界对汪道昆研究的成果可以用四个字来概括"成果喜人"。明清时期文人墨客对汪道昆的评价在文中基本上都介绍了，这里就不再赘述了。

当代关于汪道昆的研究，早在20世纪30年代，即在1930年日本学者青木正儿先生的名著《中国近世戏曲史》中就有专门

《昆曲勃兴时代之戏曲》章节，详细介绍了汪道昆的戏曲创作和戏曲的发展，后被翻译成中文。1932 年郑振铎先生的大作《插图本中国文学史》，由北平朴社出版，书中对汪道昆杂剧的体制创新进行了论述。这也是国内在著作中最早出现对汪道昆的研究。1953 年日本学者滕井宏所撰写《新安商人研究》，在日本《东洋学报》连续发表："1940 年，我曾在东京尊经阁文库读书，因另有目的，浏览万历《歙志》，对其中构成新安商人核心的歙商活动状况记载之详明，史料之多，大为惊讶，自是，我遂开始研究新安商人问题。……战后不久，我在静嘉堂文库翻阅明代各种文集时，发现汪道昆的《太函集》，乃是有关徽州商人史料之宝藏，为之狂喜。拙著《新安商人的研究》就是以《太函集》所提供的大量珍贵史料作为本书的骨架，也只有根据《太函集》的各种史料，始有可能为立体的、结构严密的掌握新安商人营业状况开辟道路，谅非过言。拙著《新安商人研究》发表之后，中国和日本的各种研究中多有从《太函集》引用有关新安商人史料的，由此可以想见《太函集》之重要。"从此，汪道昆的《太函集》才被世人所重视。

1956 年人民出版社出版傅衣凌先生大作《明清时代商人及商业资本》，在第二章《明代徽州商人》，"关于徽人之开始从事商业方面的活动，其最早的时期，依我的推论，当始于宋。大家知道，宋代的茶商，是中国最大的商业资本之一，徽州适为一个著名的茶地。徽人为经营茶叶，即已行贾四方。"[①] 徽浙两地经济关系本很密切，尤其在宋室南渡以后，由于国都南迁，经济中心南移，越发促进其邻近地区经济的发展。因此，徽州手工业即间接受到影响。所以在手工业品中，如茶、墨、纸、木等，于宋代即已负贩四方。宋代李以申纂《新安续志序》即云："物产之伙，

---

① 傅衣凌：《明清时代商人及商业资本》，人民出版社 1956 年版，第 49 页。

流布四方，号曰富州。"徽州人为推销其手工业品及原料品，每于无意中获得不少关于商业上的经验，这当是徽商的原始。惟其占有中国商业史上的重要地位，则约在明代中叶前后。徽州适处东南经济要区的苏浙中心，交通便利。徽商之盛，始于明代中叶前后。盖中国的商业资本自经过宋元时代商品经济发达的刺激，迨于明代初年，以明太祖的积极施行安定地方、奖励农桑的政策，提高了农业生产力，社会上重复欣欣向荣。这样，为中国商业资本的发展奠定一个良好的基础，徽商即在这样一个环境下获得滋生的机会，而形成为明代的主要地方商人。此章节，列举了大量的徽商资料，傅衣凌先生论述的依据主要来源于《太函集》，所以汪道昆的《太函集》是研究明代徽州社会经济发展的重要资料来源。

汪道昆曾以天都外臣署名撰写《水浒传序》，引起一场高级别的讨论，《光明日报》"文学遗产"连续开展系列讨论，引起了文学界极大的震撼和关注，这也反映了天都外臣序的文学价值和地位。徐朔方先生《关于张凤翼和天都外臣的〈水浒传序〉》①，详细介绍了天都外臣序与张凤翼序的异同，作者认为，不难看出两篇序文一长一短，无论对《水浒传》的版本乃至作品思想的评论都只有繁简之别，而没有实质性的差异。天都外臣序全面地超过张凤翼序，使后者简直失去了存在的必要。也许这正是张序未被采用，或虽采用一时，而最终还是被淘汰的直接原因之一。另外还指出：汪、张两篇序文有重视小说戏曲的进步文艺观日益抬头的趋势，从唐顺之等人的口头评论进而形诸笔墨，由李开先语焉不详的记载进而在思想性或思想艺术两方面都加以大大的肯定，这是文艺思想的一大进展，张凤翼把《水浒传序》公然印载

---

① 徐方朔：《关于张凤翼和天都外臣的〈水浒传序〉》，《光明日报》1983 年 5 月 10 日。

在自己的诗文集中，这一点他比汪道昆难得。虽然他没有着重论述作品的艺术性，而天都外臣序则表现得十分出色。吴晓铃先生《漫谈天都外臣序本〈忠义水浒传〉》①，文中主要论述汪道昆三个问题，即汪道昆生卒年月；汪道昆兵部左侍郎任职是在南京还是在北京；《水浒传》中的汪道昆序言和张凤翼的序言的因缘关系等。汪效倚先生《关于天都外臣——汪道昆》②，针对吴晓铃先生《漫谈天都外臣序本〈忠义水浒传〉》的三个问题提出质疑。对于汪效倚先生的质疑，吴晓铃先生又作了《答客三难》③，则详细回应了汪倚效先生所提出的质疑。胡益民先生《从语词运用看〈天都外臣序〉作者问题》④认为，在《水浒传》研究史上，《天都外臣序》是一篇弥足珍贵的文献，引起学界广泛关注。文中从序与汪道昆本集用词习惯比勘入手，考辨汪道昆与《天都外臣序》之关系，认为汪道昆为《天都外臣序》的作者无疑。

金宁芬先生《关于汪道昆的几个问题》⑤，全面阐述了汪道昆家世生平背景，论述了汪道昆的文学思想和戏曲修养。朱泽先生《诗剑之交——记汪道昆、戚继光的友谊片断》⑥，分四个部分阐述汪道昆与戚继光的友谊，即用兵浙闽、信宿武林、蓟门会阅、会饮千秋里。汪道昆、戚继光二人交往，始自"良剑分佩"、中经几次聚会，则称"剑合"，戚继光逝世后，汪的悼诗又名《宝剑篇》，诗与剑贯串了他们交往之始终。这样的诗剑之交，说它

---

① 吴晓铃：《漫谈天都外臣序本〈忠义水浒传〉》，《光明日报》1983年8月2日。

② 汪效倚：《关于天都外臣——汪道昆》，《光明日报》1983年12月20日。

③ 吴晓铃：《答客三难》，《光明日报》1984年2月7日。

④ 胡益民：《从语词运用看〈天都外臣序〉作者问题》，《中国典籍与文化》2008年第2期。

⑤ 金宁芬：《关于汪道昆的几个问题》，《文学遗产》1985年第4期。

⑥ 朱泽：《诗剑之交——记汪道昆、戚继光的友谊片断》，《安徽史学》1984年第5期。

为历史上所仅见，是不过分的。林济先生《汪道昆的谱本宗与宗法收族理论》①，认为徽州为明清宗族制度发达地区，这也是徽州士大夫文人宗法制度庶民化努力的结果。宗法制度庶民化并不仅仅是宗法制度贯彻实践的问题，也包含士大夫文人对民间宗族建设活动的宗法理论解释。汪道昆的谱本宗主张及其修谱活动就是建立在民间宗族的祖先谱系文化基础之上，反映了世家大族的独立性追求与以村落宗族为中心的社会现实；其强调的亲亲收族是对谱本宗活动的宗法理论新解释，民间宗族建设实践推动了宗法制度的庶民化发展。

徐朔方先生《汪道昆年谱》②，徐先生认为：汪道昆不在后七子之列，却被人称为同李、王三鼎足的大家。李、王从事文学活动较早，他们在文坛上成名在前，而官场得意在后。文名成为他们仕进的铺垫。李攀龙官做到陕西提学副使，正四品，如果他不是去世较早，官位后来可能会更高。王世贞做到南京刑部尚书，正二品。这是正史列入《文苑传》的人在官阶上所达的顶点。汪道昆比王世贞大一岁，他的文名却比王世贞至少迟了二十年。他做大官在前，官位是他登上文坛的阶梯。后来他同王世贞齐名，被称为两司马。西汉司马相如和司马迁因为同姓被称为两司马，汪、王被称为两司马，却因为他们都做了高官兵部侍郎。汪道昆以高官而得文名，名声又大，物极必反，在明末清初就遭到贬低，直到现在还没有对他作出应有的评价。

赵克生先生《〈明史·汪道昆传〉补正》③，认为《明史》给汪道昆立传时，寥寥数语，颇多微词；造成《汪道昆传》一方面史实上失真；另一方面忽略传主在文学、政治特别是军事上的活

① 林济：《汪道昆的谱本宗与宗法收族理论》，《史学月刊》2006年第7期。
② 徐朔方：《晚明曲家年谱·汪道昆年谱》，浙江古籍出版社1983年版。
③ 赵克生：《〈明史·汪道昆传〉补正》，《安徽史学》1997年第3期。

动与历史贡献，使《汪道昆传》有网漏吞舟之鱼的缺憾。文章爬梳史料，并借鉴时贤高论，旨在正《明史·汪道昆传》之谬误，补其缺漏，力图能较全面、准确地把握汪道昆这一历史人物。汪道昆以儒贾起家，后任武事、身后又被归于文人一堆。在这文武的轮回里，汪道昆已是面目全非，文、武皆不见于史册。所幸历史并不是由如《明史》等所谓正史写就的，揭去遮蔽之后，汪道昆的文学、军功仍有光彩。另外，赵克生先生还有《汪道昆与徽商》①，从四个方面论述汪道昆与徽商的关系。（1）徽州、徽商、汪道昆；（2）为徽商正名；（3）对徽商命运的关注；（4）为徽商立言的原因分析。家世使汪道昆必然成为徽商的代言人；明中期的"新四民观"又使他获得思想的支持和勇气；最后，徽商的自觉为汪道昆的言论提供现实的文本。朱万曙先生《亦文亦武的汪道昆》②，认为在中国历史，文韬武略俱全的人虽然有，却不是很多。汪道昆恰恰是这样一个人。他自幼爱好文学，4 岁的时候，祖父就已经向他口授古诗百篇；步入仕途后，更是与当时的文坛联系密切，与王世贞等文坛领袖也成为朋友；他在一生中创作了大量的诗文作品，万历七年（1579），他将自己的作品加以选编，刊印为《太函副墨》；在去世之前的万历十九年（1591），他又将自己的作品编为《太函集》，共 120 卷。另外一方面，汪道昆不仅是一位能干的官员，还是一位出色的军事家。他担任襄阳知府三年，政绩显著，襄阳人好讼，他在廊檐下设炊，讼民带粮，往往是炊未熟而案件已经办结，以至于有民谣说："案无停，汪半升"；他又筑堤坝千余丈，以防汉水之灾，深得百姓赞扬；嘉靖四十年（1561），他调任福建按察副使备兵福宁，此后便与抗倭英雄戚继光一同从事抗倭斗争多年。耿传友先生《汪道昆与明代

---

① 赵克生：《汪道昆与徽商》，《徽州社会科学》1997 年第 2 期。
② 朱万曙：《亦文亦武的汪道昆》，《文史知识》2003 年第 5 期。

隆庆、万历间的诗坛》①，认为汪道昆是明代隆庆、万历间诗坛上一位非常活跃的人物，曾主持丰干社、白榆社、南屏社等重要的诗坛群体活动，名声显赫，影响甚大，与王世贞一起成为当时的诗坛领袖。但在去世后不久，汪道昆的声名便遭到贬低。汪道昆诗坛声名的变化，显示出诗坛的风尚发生了根本转变。

　　张剑先生《略谈〈汪道昆墓志铭〉的价值》②，关于《汪道昆墓志铭》，作者是通过台湾元智大学罗凤珠教授赐赠的复印件，虽然是复印件，但《汪道昆墓志铭》的材料首次与大陆学术界见面，也是研究汪道昆一份弥足珍贵的资料。它的价值在于可以佐证和纠正现在的研究成果，解决一些汪道昆研究中的疑点，如汪道昆去世后，到底葬于何处？黄彩霞的论文《托遗响于悲风——汪道昆的治军防边思想》③，认为汪道昆不仅是明朝著名的文学家，而且在军事上也颇有建树。汪道昆经过实地考察、广征博引，提出了自己的治军防边理论：提高边将权力，赏罚分明，关心士兵疾苦，筑台守险。他的这些建议多是从实际出发，具有很强的可行性，由于皇帝无心朝政，这些建议多未采用。但他的军事思想却成为历史上宝贵的精神财富。

　　有关汪道昆研究的硕士论文，近年来就有四篇。2002 年安徽大学耿传友的硕士学位论文《汪道昆商人传记研究》（朱万曙、胡益民教授指导），认为汪道昆是明中叶后文坛上具有重要影响的文学家。汪道昆的《太函集》有传记 235 篇，其中为商人而作的 112 篇，这是很值得注意和重视的文化和文学现象。第一部分

---

　　①　耿传友：《汪道昆与明代隆庆、万历间的诗坛》，《中国文化研究》2006 年第 4 期。

　　②　张剑：《略谈〈汪道昆墓志名〉有价值》，《河南教育学院学报》2008 年第 1 期。

　　③　黄彩霞：《托遗响于悲风——汪道昆的治军防边思想》，《黄山学院学报》2003 年第 4 期。

《时代的必然产物》主要探讨汪道昆商人传记写作的时代背景与文化土壤。汪道昆横跨嘉靖、隆庆、万历三朝，正是社会经济发生转型、商人群体的崛起、意识形态发生变化之时，汪道昆又生活在徽商的故里——徽州，特殊的家世，使他得以与商人有密切的联系。汪道昆的商人传记正是在这样的历史文化背景下创作的。第二部分《明代徽商活动的踪影》，主要考察汪道昆商人传记的史料价值。通过对汪道昆商人传记中有关徽商史料的清理，探讨了徽商经营活动的基本情况，重点分析了徽商经营的艰辛与风险，以及徽商特殊的家庭情况。第三部分《新旧观念的冲突与融合》，主要分析汪道昆商人传记中的思想倾向。汪道昆商人传记中出现一些矛盾的现象：重"商"意识与崇"儒"取向；"义、利"的统一与崇"义"态度；扬"奢"而崇"俭"的观念。汪道昆对新、旧观念进行了整合，塑造了许多"贾名而儒行"的商人形象。汪道昆商人传记中新旧观念的彼此纽结，既是社会生活矛盾冲突的反映，也有作家自身思想矛盾的原因，是社会转型期一种较为普遍的现象。第四部分《复古思潮中的"古文"》，从题材选择、人物塑造、情感表达三个方面论述了汪道昆商人传记的文学价值；同时考察了其文学的局限，并分析了原因。2004 年安徽师范大学杨瑾的硕士学位论文《汪道昆六论》（赵庆元研究员指导），论文从六个方面论述汪道昆。汪道昆与阳明学说、汪道昆与新安诗派、汪道昆的诗歌、汪道昆的传记文、汪道昆与戏曲、汪道昆的小说观。2008 年苏州大学乔根的硕士学位论文《汪道昆诗文研究》（赵杏根教授指导），论文以《太函集》为中心，考察徽州文化背景下的汪道昆诗文创作。论文以"知人论世"为指针，细读文本，深入剖析汪道昆诗文创作的成就和不足。第一章探讨汪道昆的生平和思想，揭示其思想的主导方面。汪道昆一生，集商贾、文人、隐士于一身，其思想主要体现为：注重实用、积极用世；品质高洁、儒雅风范；文韬武略、诗剑风流。第二章主要论述汪道昆诗歌的主要内容和诗歌创作，分析汪道昆诗歌创作的类型及艺术特色。在此基础上分析汪道昆诗歌的影响——领袖新安诗群。第三章侧重从徽文化角度解读其散文的创作特点及其艺术特色。2008 年复旦大学刘彭冰的硕士学位论文《汪道昆文学研究》（陈维昭教授指导），论文从思想、文学及交游诸方面，考察汪道昆的学术旨趣。论文认为，与其三教合一的态度相一致，汪道昆的禅学思想是相当包容的。在禅风日下的末法时代，既肯定生而俱足的成佛本性，又强调回归原典的次第修行。围绕"心"的范畴探讨心与法，心与佛，心与地的关系，以近似老庄的风格，追求无滞、无障、无为、无拘无束的绝对自由。他汲取《华严》、《楞严》等圆融会通思想，试图用不二法门的彻底平等观认知世界，对佛教内部不同教派之间，乃至各个派系内部，倡导圆融一致，反对对立及争端。然而，在现实社会中，这只能是一个难以企及的精神理想，甚至难以付诸汪道昆本人的佛教实践。

张源远先生《刍议商人独立人格的构建——初读〈太函集〉徽商》①，认为商人本是一个独立的社会阶层，然而长期以来，由于古代社会心理上关于"士农工商"地位的高低顺序，以及历代王朝"重农抑商"的传统政策，使得商人始终不能以"商"的独立人格荣耀、自信地出现于历史舞台。商人由于"逐末"之讥，而逊于农；由于"逐利"之名，而见斥于儒。商人始终处于一个尴尬的地位：拥有财富，地位卑微。财富与地位，形成了巨大反差。于是，明朝中后期以来，随着商业的进一步发展，商人主动与"儒"融合，化身"儒商"，以儒饰商；竭力跻身"官"的身份，取得作为"官"的尊崇与荣威，以"官"饰商、以"官"

---

① 张源远：《刍议商人独立人格的构建——初读〈太函集〉徽商》，《经济与社会发展》2009 年第 12 期。

护商；而在社会生活中，则积极投资于公益、慈善事业，取得亦绅亦商的地位，得以与"绅"并称。商人的独立人格构建历程，最终以商人"绅"化为完结。余英时先生认为："十六世纪以后的商人确已逐步发展了一个自足的世界"。此亦为明朝嘉靖、万历年间商人独立人格开始形成的一个佐证。近代以来，封建时代之礼坏乐崩，社会鼎革、实业救国之际，商人的地位才历史性地提高了。然而商人"绅"化的现象，一直延续至今。

　　乔根先生《明代徽州作家汪道昆散文内涵论》①，认为明代中后期文坛上，作为与李攀龙、王世贞鼎足而立的作家汪道昆，其散文内容十分丰富，涉及日常生活和军国大事等方方面面。从文体角度分类，可分为序跋、传状、碑志等。汪道昆散文一方面反映了徽文化对他的影响，另一方面也反映了明代中后期文坛的创作情况和社会生活状况。乔根先生《汪道昆对杜甫律诗艺术的借鉴与传承》②，认为明代诗坛上与王世贞并称为"两司马"的汪道昆，其诗歌创作颇具特色。他的七律师法杜甫，在运用叠音词、对仗、用典、佛教用语、动物意象等方面表现出对杜甫诗艺术的借鉴和传承。乔根先生另有《明代徽州作家汪道昆散文艺术特色论》③和《汪道昆散文中的徽文化特质》④。杨瑾同志《儒侠互济的徽人精神——浅论汪道昆〈太函集〉中的士商形象》⑤，认为明人汪道昆出身于徽州商人世家，又出入官场与文坛，其独

　　①　乔根：《明代徽州作家汪道昆散文内涵论》，《淮南师范学院学报》2010 年第 5 期。

　　②　乔根：《汪道昆对杜甫律诗艺术的借鉴与传承》，《安庆师范学院学报》2010 年第 7 期。

　　③　乔根：《明代徽州作家汪道昆散文艺术特色论》，《鸡西大学学报》2011 年第 1 期。

　　④　乔根：《汪道昆散文中的徽文化特质》，《铜陵学院学报》2011 年第 3 期。

　　⑤　杨瑾：《儒侠互济的徽人精神——浅论汪道昆〈太函集〉中的士商形象》，《鸡西大学学报》2011 年第 2 期。

特的经历和敏锐的眼光，使他在《太函集》中为徽人作传时特别
突出了"儒侠"精神。"儒侠"这种受传统影响又能够勇于突破、
求新求变的特质成为明代中晚期处于上升时期徽人的重要品质，
也是徽州文化和经济繁荣的重要原因之一。另有《阳明学说对汪
道昆的影响》①，认为汪道昆是明代著名的戏曲家和抗倭名将。他
生活于深受王学影响的徽州，与王学门人交游颇多，其诗文集
《太函集》中亦多处称颂王阳明及王学门人。王学对汪道昆影响
很深，其师古与师心结合的文学观念的转变、自信自负的精神、
重视实用的思想、亦官亦隐的人生模式以及对侠士人格的崇拜等
方面都可以看到王学作用其身的痕迹。

　　更可喜的是，由安徽大学徽学中心胡益民、余国庆先生整理
点校的《太函集》，2004 年黄山书社出版，这对研究汪道昆及其
思想带来极大的方便。全书共四册，近 180 万字，同时还附录相
关资料。胡益民教授在《太函集·点校前言》介绍了汪道昆的身
世和仕宦经历，对其著述情况和版本源流进行了考述，分析了
《太函集》的史料价值，对《太函集》的整理点校工作也做了说
明。可能是时间紧，任务重，在点校《太函集》的过程中，有不
少的缺点和错误。但是，瑕不掩瑜，能够为广大学者提供美好的
精神食粮，确实很可贵。

　　从以上看到广大学者对汪道昆如此热衷的研究，确实令人振
奋，这些大家学者所发表的论文都切中肯綮，涉及汪道昆各个方
面，足以说明汪道昆是一个非常有影响的明代历史人物。

第二节　汪道昆文坛上的成就

　　汪道昆在文坛的成就是有目共睹的，从他著作的厚重和内容

---

①　杨瑾：《阳明学说对汪道昆的影响》，《淮北师范大学学报》2011 年第 3 期。

真实价值来说，都不愧是明代文学史上有影响的人物。他曾被文坛誉为"家世千秋里，文章百代师"、"司马公以文章命海内，所谓五百年而一睹者"。《太函集》应算是汪道昆文学上的代表作之一，这部宏著影响力超强，最早说《太函集》史料价值很高的是日本学者滕井宏，所著《新安商人研究》的主要资料则是依据明万历《歙志》和汪道昆的《太函集》。《太函集》的徽商史料不仅国外学者引用，国内学者从20世纪80年代也开始大量引用，现在几乎被所有明清徽商研究的专著和论文引用。

《太函集》中的诗歌较多，主要集中在《太函集》卷107至卷120，各种诗歌总共一千多首。从体例和数量来说，可以和唐代鼎盛时期任何一位诗人相媲美，虽然汪道昆的诗不被世人所看好，气势也不如唐代诗气势磅礴，而这些诗绝大部分是汪道昆致仕后的作品，所以生活气息浓厚。对于汪道昆的诗，后人也有不同的评价，不管是褒是贬其实都不重要，重要的是这些诗歌作为历史文献完整保存下来，本身就是有重要价值，它记载一个时代、一段历史的发展过程，给后世留下最珍贵史料，其影响是远大于本身的价值。

在文学上，汪道昆与王世贞被当时天下称"两司马"。二位曾在一起"切劘为古文辞"，并与李攀龙一道被人称为三鼎足的大家。朱鹤龄说："伯玉当嘉隆间，以文章声势奔走天下士，与琅琊、历下称鼎足。百余年来，徽中显仕多萃汪族，而文采风流则罕闻于代。"① 汪道昆赢得如此高的荣誉，确实在明代文坛上算是一个名副其实的人物了。

汪道昆的文学具有地域文化特征，尤其是散文、墓志铭和传记最为典型。这与其生活经历有关，汪道昆出身于徽州商贾家

① （明）朱鹤龄：《愚庵小集》卷8《华及堂诗序》，华东师范大学出版社2010年版。

庭，富裕的家境给他提供一个很好的读书环境。因此，汪道昆的作品中，有许多都是描写徽州地域特色的人物和社会生活。最有特色的就是撰写商人传记，这些传记也就成为了后人研究徽州商人的第一手资料。如《汪处士传》、《查八十传》、《许长公传》、《程长公传》、《海阳长者程惟清传》、《潘汀州传》、《明赐级阮长公传》等。如《程长公传》：

> 长公系出槐塘，宗齐国而望昌国。长公幼受儒术，矢将奋武，绳之学射，踰年业已当室。母太恭人娄也，仲五年而孤。长公计守穷庐，俯仰且不给，宁去而贾，以纾家步。庶母忧及孤娄，异日者修吾业而代有终，则仲氏任也。则之浙贾盐策，费用小康。会家难生，丧故资斧，乃与捆内更始，毕力治新装。居数年，故业复起，仲受诗外传。长公以为才，使当毂而推挽之，有前毋却。雅游东越，钱氏、蒋氏可任仲师，择举宗儒者，得诸弟嗣光，可任仲友。则并遣入越，受业二氏之门。修赞授餐，悉长公自出。
>
> 仲既就业，归补邑诸生。长公为仲筑舍近郊，以群讲习。夜篝灯，伺仲卧起，闻中夜读乃罢归。仲数奇长公，递为之掩泣。旦夕吁天而祝，愿哀大经，故所诎者以赢大宾。寻遣仲入成均。昔梦神人告之"试目"。越十二年仲成进士，其目符，长公闻之而后喜可知也。诸弟嗣光者亦以明经起家。仲始为郎，岁禄董董，长公务助仲为廉吏，岁遣之金。同居五十年，长公悉主部署。及仲以藩大夫出居浙，乃始中分。仲既成名，长公程督诸子如仲。于是长公仲子子谏、季子子谅……先后递上太常，而诸孙衮然首乡校矣。邑中以世业显者，莫如诸程。有开必先，则长公以也。长公少强干，户当部运南司农。长公请行，或易长公年少尔，卒之主运事办，举宗以此壮长公。居贾则以主计擅场，盐策使数立长公

为诸贾人祭酒。长公擅握算，往往中诸便宜。即时化居，征贵贱，逆睹若观火。迄归老，诸弟子自千里外犹从长公受成，及其居乡人间，率待长公片言而决。里中李氏子坐诬服，长公活之。曹、鲍有违言，得长公立解。顾耻任侠，出入不倍于人伦。白首子舍中，事太恭人益谨。顷在苫块，壹以丧礼成丧。里俗溺形家言，相视缓葬，自大父而下，长公悉卜吉土葬焉。舍前隙地入邻家，故路遂塞，长公奉百金为邻翁寿，复之。女弟寡而贫，仅遗孤子，长公逆母子还养，既授甥室，乃归。甥子壻客楚不归，长公召外孙与诸孙齿，既补县博士弟子，乃归外孙。概诸躬行，则长公长者也。

行年七十有六，顾愈益强，尝命仲、季述其平生，且属不孝为传，仲季以为讳，唯唯佯应之。无何而逝，盖仲夏吉月也。长公与家司马同齿，贾同曹。仲为按察公，则与不孝同籍，古所谓通家者也。故为长公传不辞。

居庐子曰：都人以大贾为豪，犹阳翟也。豪者自挟其有，直将埒千乘而丑三䑓，其视儒生犹越章甫尔。长公学儒不成，则舍儒而贾；既为诸弟子嚆矢，舍贾而儒。往闻帅仲东游，息子病瘥几殆，长公置不顾，卒与仲东。及今病革，无遗言，独指仲、季拊心，犹将以不逮为憾。其所向往者孽孽矣，宁取足于刀布自多耶！语曰："非此其身，则其子孙。"故人乐有贤父兄也。

　　这是一篇徽州商人传记，语言、文字流畅爽利，文章写的也不拖泥带水，逻辑性很强，确实有很深的文字功底。在汪道昆所写的传记中，商人传记最为光彩夺目，令人钦佩，不仅具有较高的文学价值，而且还具有很高的学术价值，同时被研究者广泛引用，其作品大多都肯定了传主的经商行为，而不带传统的个人偏见。

　　汪道昆的游记散文《游洞庭山记》①，通过对优美的洞庭山自然环境的描写，个人情感的抒发，人们看到一个闲适快活的自然美景，具有较强的文学性和身临其境之感。"洞庭山跱震泽中，其形胜甲吴会。刘生言：山犹橘柚，巨薮浮之，其隔阂各为一区，犹一瓣耳。登缥缈峰，乃睹全体，盖其蒂云。"洞庭山位于太湖东南部，由洞庭东山与洞庭西山组成，东山是伸入太湖之中的一座半岛，上面有洞山与庭山，故称洞庭东山；西山是太湖里最大的岛屿，因位于东山的西面，故称西山，全称洞庭西山。以橘柚来比喻山，以蒂来比喻山峰，形象生动。汪道昆从登姑苏台，到缥缈峰，经过跋涉抵达乌沙泉，眼前出现迷人景色："遵水东行，水啮石址如断朽木，其形参差如卧犍羃，其锋刃断断反射湖水，众窍相通如雕几，嶙峋倒置，如触不周山崩，行数百步，石址穷，西过小洞庭，亦石址也。一石雄跱水上，高二仞，有奇视。洞庭具体而微，七十二山可概见，独险绝不容足。余足出诸竖子肩背上，乃登。石有大窍，虚中，诸竖子自下瞯余，如坐天上。既又过龙头石，石址视东益奇，巨石如房，蹲四足如鼎跱。一石骧首出，临水者五尺，如虬龙。余躐其上乘之，会大风，恐或飞去，乃下。"乌沙泉石，形态参差，水啮石址、锋刃断断、众窍相通、嶙峋倒置，言景无穷，而乐无穷实已寓于其中，把洞庭山奇石刻画得淋漓尽致。作者对洞庭山境界的描述，可谓独具慧眼，颇有一份大自然怀抱之中的慰藉感。汪道昆在文章的末尾深有感慨道："嗟乎，都人士好奇，宜莫如吴会；名山大泽，宜莫如洞庭。唯舟楫有戒心，百不一至。余轻身而往，乃得周游，亦坦坦耳。昔言蓬莱、瀛洲诸胜，率以为诪张。彼在瀛海中，支人世不知几千万里，藉第令具在，宁讵能至矣？鹏徙南溟，莺鸠自适，各从其志而已。""鹏徙南溟，莺鸠自适，各从其

------

　　① 汪道昆：《太函集》卷71《游洞庭山记》。

志而已"，正说明汪道昆及胡应麟、屠隆、王世懋等人文学思潮发生变化，而逐渐被浪漫主义文艺新潮流所占领。

汪道昆的文学、诗词都称得上尚佳作品，为明代嘉靖、万历时期文坛"后五子"之一，在文学上的成就是有目共睹，有《太函集》120卷及《太函副墨》等著作传世。因此，在明代文学史和戏曲史上，汪道昆都是一个非常有影响的重要历史人物。

第三节　汪道昆的军事战略思想

汪道昆生活的嘉靖、万历年间，正是日本海盗集团侵扰东南沿海的高峰时期，百姓备受其苦。汪道昆从就任义乌县令起，就积极组织民众习武练兵，实现全民防御。任福建副使时，他配合民族英雄戚继光筹谋策划，招募"义务兵"赴前沿参战，戚继光敬佩汪道昆的爱民之心，拿出一对精致的宝剑，自己留一把，另一把赠给对方，以此示共同砥砺灭倭之志。汪道昆与戚继光结成了"不歃而盟"的"道义骨肉"，结果大败倭寇，一时举国振奋。但汪道昆从不自恃有功，以功臣自居，而是以数十篇之多的诗文、书信、序铭文字赞颂戚继光的战功，这种谦逊的作风和崇高美德是难能可贵的。

明朝从中叶开始，由于政治的日益腐败，不再能实行正确有效的边域民族及贸易政策，而且边关的武备也几乎废弛。在这种情况下，立国以来一直困扰着明廷的"北虏南倭"的问题，开始凸显起来。其中在北方，东起辽东的鸭绿江，西至甘肃的酒泉，绵延近万里，卫所互联的九边防线，此时不再是阻挡蒙古族铁骑的坚固屏障，当初远遁塞外的北元蒙古残余势力，此时开始频繁地南下侵扰，广袤的北方边防几乎年年有警。一方面是军队自给的军屯系统崩坏，边饷几乎完全依靠朝廷的供应；一方面，顺应市场经济的发展，供应边饷之实物支给系统，逐渐大部分为支给银贷的系统所取代。边防发生的军事危机在唤起世人深深的忧患意识的同时，也唤起了人们对于军事防务问题的重视。汪道昆此时此刻，自湖广巡抚入为兵部右侍郎。面对边防危机问题，汪道昆首先给边防将士因时因势制定战略战术的权力，不能让边防将士因朝廷决策而分心失利；其次向皇上奏疏通报边防战情实况。一连串的向皇帝上几十道奏折：《蓟镇善后事宜疏》、《辽东善后事宜疏》、《保定善后事宜疏》、《经略京西诸关疏》、《边储疏》、《边务疏》、《申饬通州兵马疏》、《题请督抚主将疏》、《叙录效劳官员疏》、《旌别将官功罪疏》、《查参军职官员疏》、《举劾兵备官员疏》、《举劾有司官员疏》、《举荐承委官员疏》等。由于汪道昆在抗倭战争中，有了一些军旅生活经验，加之有较高的文化素质以及军事指挥能力，这些为巩固北方边防稳定的奏疏，可以说是切中时弊而又关系到全局。

　　汪道昆从兵部右侍郎到兵部左侍郎，短短的数年里，提出了一系列的边防治军建议，这些建议对当时明代的边疆巩固、国家安定具有一定的积极作用。

附录一 明通议大夫兵部左侍郎
汪南明先生墓志铭

俞 均

江以东以文章主盟海内者有两先生，云兵部左侍郎新安汪南明先生，南京刑部尚书吴郡王凤洲先生，海内学士大夫诵服两先生，不啻金钟大镛，而两先生亦交相引重，垂老无渝盟。庚寅冬，王先生即世；癸巳夏，而汪先生复捐宾客。文章道丧，海内缺望焉。

兹夏余有五岳游，道新安、下钱塘，获赍瓣香拊汪先生枢于太函，怆焉者久之。伯子、季子拭泪语余曰："先公墓中片石，欲累长者久矣。属家难频仍，徘徊至今。顷微天幸，重拜长者之辱，是天以不朽惠先公也。敢以铭请。"余谢不敢当，而汪先生之贤从仲嘉与余交最深，为申请。余无似，一旦获搦管，论次汪先生行业，有余荣焉，遂许诺。

先生讳道昆，字伯玉，歙千秋里人，系出晋龙骧将军某。世有名德，大父守义公赠通议大夫、兵部右侍郎，性严重，务以礼法绳子弟，闺门肃然。父长庚公，封如大父官，能世守义公德，而稍济以和，人乐亲之。大母吴，赠淑人。母胡，封如吴。

胡淑人以嘉靖乙酉降先生，有梦日流虹之瑞。能言，辄日记数百言。成童，受书塾师，他儿莫与抗。启箧，得《丘》《索》诸图籍及《韬》《钤》家言，大悦之，已为郡博士弟子，负笈师邑先辈方生，问礼于姚江邵生，学益进。

迨嘉止而妇吴有废疾，或疑妇躬井臼、养舅姑，奈何令几死人当室。先生正色曰："奈何令几死人无所归？"遂逆妇，为疗治百方，逾年竟不起，先生以礼殡焉。属岁大比士，以妇丧避不赴，士论归其守正。

丙午领乡书，明年成进士。当是时，夏文愍公在首揆，方抢中秘士，慕先生才品，语所善吴公，欲一识面，而吴公与先生有连，为绍介，先生谢不往。

寻授义乌知县，人以尹何少，先生及在事，持廉俭为吏民先，而出以平恕，大得民和。豪有杀子以穿仇者，仇诬服，先生廉得其状，遂出死。尝夜卧未寐，仿佛睹一妇趋榻前，寝而练，类有所诉者，诘旦，外白里妇自绞死。公曰："夫非寝貌而练衣者耶？"因相顾，吐实不敢匿，其发奸摘伏如此。

辛亥，晋户部江西司主事，主榷，有调剂。癸丑，改兵部职方司。甲寅，晋武库司郎中，遇军兴，多所匡赞。是年晋襄阳府知府。先生自念："爱惜士民，令也；表率僚吏，守也；令之所持者狭，守之所施者广，吾毋以令为守。"日进僚吏训督之，僚吏奉约束惟谨，境内向风，而以其暇寻习池岘首遗迹，与宾朋觞咏其间，人以比羊叔子、山简云。

辛酉，晋福建按察司副使，备兵福宁。当是时，倭蹂浙，闽与浙邻，不无事矣。当轴不挈督学界先生，而界以兵，或者疑焉，而先生顾独奋曰："君其谓不佞不任疆事耶？"促就道，至部，葺城垣，严守望，砺器械，日讨军实而训督之。悍卒以给饷愆期鼓噪胁开府，先生数责之，始解去，而随法其首事者以徇。

壬戌，倭由永嘉走闽，据横屿为巢，而以重兵壁兴化府城东南。大将与倭市战不力，诸沿海城堡相继陷，兴化府城亦陷，开府游公以罪去，闽事岌岌矣。而新开府谭公实来，戚将军由浙将新兵来援，先生入从谭开府谋，出从戚将军谋，而倭已在先生股掌上矣，癸亥，捣横海倭巢，平之；攻宁德县城，复之。因引兵逼兴化，大战城东南，斩首三千余级，夺回男女及器械辎重无算。倭夜遁去，遂复兴化府城。而肖石与仙游之战尤苦。倭自是大创，不复东向，而闽事始定矣。先生名益大起，谭开府及前后部使上先生功，顾逡逡以功逊游开府，赎失事之咎，增秩，赐白金者二、赐彩币者一，而上雅意向用先生矣，是年冬，晋本司按察使，尽护闽诸将，以功受白金彩币之赐者一。甲子，晋都察院右金都御史，代谭公开府闽，计去襄阳守时仅仅三匝期耳，不可谓不遇合也。而是时，戚将军亦进大将军，总海上兵，先生与戚将军协力补苴，为善后计山海诸遗寇次第芟除。前后受白金纻丝之赐者四，朝夕督课大僚，群行劳来，吊死问生，起疮痍而全活之，不遗余力，于是闽人始知其生人之乐矣。

丙寅，闽台灾，上用烦言，故予告归里，而封公与胡淑人并亡恙。先生释疆事，而羞甘旨，承颜膝下至欢也。

穆皇当天，录用旧德。隆庆庚午，诏起先生，填拊郧阳。郧阳辖数省地，保界万山，权分于统驭之不一，事挠于观听之未专，前事者往往传舍其官，不甚措意，而先生所以治军绥民者，不异在闽时，郧阳亦治。

辛未，晋右副都御史，填拊全楚，而郧故在辖中。先生一守襄，载填郧，俱楚上游，精神风采，翔洽于三湘七泽间者，匪一朝夕，故节钺朝移，耳目暮新，不假号令，而遐迩兢兢，争濯磨自奋，第斥一墨吏，法一民蠹，而恩威旁蚤矣。

壬申，晋兵部右侍郎，先后与尚书蒲坂杨公、金溪谭公筹安攘大略，所以制虏御倭者甚具。是年冬，上择大臣阅边，而蓟边屏蔽京师，视他边为重，上乃赐先生飞鱼服，奉诏以往。万历癸酉秋始获报命，按行阨塞，历寒暑乃周，谓虑兵议增，虑饷议减，两者交驰而莫能定，先生为计利便，酌额饷而裁其浮费，兵制军储，厘然有章。上览议，嘉纳焉。是年冬，晋左侍郎。先生在兵部积四改岁，中间石画非一，而最为士大夫所称说者，无逾

《增辅兵》一疏，大要谓：诸镇患备多而兵不赡，地分而援不通，应从宣大蓟昌之中，增设辅兵，兵六万人，总以大帅，督以部臣，内护京师，外援四镇，虏分向则分援，专向则专援，如此而我气不倍，虏谋不寝者，臣当受失言之罚。实其言，社稷将永赖之，而当事者以事体巨，饷且不赀，议竟格。当是时，局体日变，而先生犹时时挟等辈刌切用事者，用事者滋不悦。上书陈情，遂得请。

先生归而诣封公与胡淑人前，顿首谢归子舍晚，而封公与胡淑人交慰劳先生，酌酒命坐，视畴昔欢弥甚。盖侍匕箸者数更寒暑。戊寅，胡淑人弃养。辛巳，封公亦逝。先生哀毁逾礼，比御不复入，不啻孺子慕也。

往先生在郎署时，业称博物，力追古作者。迨释闽事，屏迹徽中，益肆力旧业，书自东汉而下，诗自中唐而下，一寓目辄屏去，而所醉心者，则六经、《左》、《国》、《战国策》、《庄》、《老》、《淮南》、子长、相如、刘向、班固、及《楞严》、《华严》诸释典，苏、李、曹、王、潘、陆、颜、谢及李、杜、王、孟诸篇什，日置案头与相上下。其取则远，故目有高标；其庀材严，故臆无凡调。至濡墨抽毫，托思深沉，研玄微于象外，缀要眇于毫端。甚或寝食愆期，观听改度。倘文不先秦，诗不汉魏不已也。既成篇，辄悬之座隅，反复讨论，必当心而后出。故撰述一成，远迩传播，遵为程式，倾动海内焉。

晚节既谢政，一意收敛，不复问人间事。时从胜友名僧，澄心观理，萧然风尘之外，兴到有所挥洒，渊渊玄着，盖庶几乎见天人之际矣。海内学士大夫，生而献寿称觞，殁而铭幽表道，不得先生言则子不复孝，孙不称顺也。故海内乞言之使，趾错其门，旁舍填满。而先生雅好客，客益众，酒德故不减，每从客饮，饮辄醉，名山胜水，兴寄亦深。好事者往往载酒招先生游，游或累日不返，乞言之使资用乏，而先生言不以时应，往往群聚迎马首诉。先生曲意慰劳之，给其扉履而后去，甚有诉詈不去者。其言为海内所宝重如此。

性复孝友，事封公与胡淑人惟所欲为，必先意承顺之，迄白首弥笃。仲道贯故负才情，而困于一第，先生怜爱之，先是考绩，恩应任子，先生推以与仲，以悦封公与胡淑人意。四方问遗，辄复分与仲。已而仲病痿，卧起一榻，先生极力调护，每有所如，辄命肩舆异以相随。曾游四湖，访王先生于娄水之上，仲未尝不从，人以是益贤先生为不可及。群从道会尤俊杰，先生怜爱之，亚于仲焉。至其复始祖墓考，迁祖庙，修十六族之谱，凡以崇本始、广孝敬、联亲疏，靡不刿心焉。辛卯，仲不禄，先生哀之甚，嗣是常忽忽不乐。载改岁，而先生不起矣。

先生本文士，而以武功发名，值闽事孔棘，崎岖戎阵之间，卒建大业，致位中丞鼎贵矣，乃片言投篚，主恩中夺。继遭运会，载拊郧楚，佐枢筦，周旋毡裘之乡，为国家画大计，称股肱臣。顾位遇虽隆，而识者犹谓未竟先生才，有遗憾焉。独得以其余劲毕千秋大业，卓然法天下、传后世、及身亲见之，不俟阖棺而定。明兴，北地、信阳郁为宗匠，历下继起，几掩前人，迨先生与王先生出，《太函》《弇州》两集交映宇宙，遂令二李却步，何氏夺气，抑何伟也。

先生得年六十有九，元配即废疾者；继吴，俱赠淑人；继蒋、封淑人。子男三，长无择，太学生，娶鸿胪寺署丞吴公女，侧室出；仲无疆，早世；季无竞，国学生，娶杭州府知府方公女，俱蒋淑人出。女五，一适鲍世延，吴淑人出；一适黄立朝，一适蒋一漳，一适吴士谨，一适程士贤，俱蒋淑人出。孙男五，祖咸、祖丰、祖颍、祖舄，伯出；祖肩，季出。孙女六。曾孙男一，阜昌。先是，得请于朝，予祭葬如例。以先生功高，祭有加。伯、季将以壬寅春葬某山之原，返真宅焉。

忆待罪兰溪，辱先生遗书论交；既在武林，奉色笑于湖上；

后从云间上计，先生移书政府，谬以徽宁兵使宠余，而天津之命下矣，不可谓非知己也。顾先生道重太丘，而余才逊中郎，以是负先生，重负伯季。既志其事，而系以铭。铭曰：

生才实难，千载一遇。仲尼兴叹，唐虞之际。奕奕先生，才实命世。出履戎行，入筹机务。匡危定难，社稷之卫。中奋厥藻，百代罕俪。应龙骧首，威凤振羽。万鳞交竦，群鸟争逝。润色帝载，焜耀皇路。佳城郁郁，灵原膴膴。文武将坛，先生之墓。

摘自张剑《略谈〈汪道昆墓志铭〉的价值》载《河南教育学院学报》2008 年第 1 期。

附录二 汪道昆传记资料

汪道昆，字伯玉，生有异质，天性孝友，聚伯顺以奉二人，推任子于弟道贯，此其大者，余不暇数也。弱冠即登籍，始而为邑，寻而为郎，既而出守，既而备兵，既而开府，入佐邦政，出阅边关。循良则暴诬冤，弹压则摧戚畹，经济则歼闽寇而功不赏，议辅兵而志未行。于艺则文法左、马，诗法杜陵；于学则远推象山，近推东越；于教则主以邹鲁，宾以苦蒙；于禅则顿以南宗大安，渐以北宗无际。至其生平知交，居则有耆园会，出则有沧州会，谈艺则有白榆社，谈禅则有肇林社。所最交绥者，文则有弇州、云杜；所最推毂者，武则有宜黄、孟诸。酒德甚饶，一饮可百觚。终身而无一乱；三配之外，绝无二色，末年饮戏三昧间，一征歌而已。大都自邑中而署中，其名立；自闽中而觚中，其造深；自侍中而函中，其境化。所著《函三子》，上函揭性命之宗，中函核经济之实，下函阐经国之程。未就而卒，惟有集存。甲午年，诸宗人奉主人淳安越国公祠，配享忠烈。今年举祀贤乡。弟道贯别有传，道会字仲嘉，皆其爱弟，并名士，海内称太函二仲云。

万历《歙志》卷 5《汪道昆传》

汪道昆，字伯玉，世贞同年进士。大学士张居正亦其同年生也，父七十寿，道昆文当其意，居正亟称之。世贞笔之《艺苑卮言》："文繁而有法者，于鳞；简而有法者，伯玉。"道昆由是名大起。晚年官兵部左侍郎，世贞亦尝贰兵部，天下称"两司马"。

世贞颇不乐，尝自悔奖道昆为违心之论云。

《明史》卷 287《汪道昆传》

汪道昆，字伯玉，号南溟、松明山人。以进士除义乌令，夜梦练衣人诉帘下，诘旦里正以妇自经告。曰：夫非衣练者耶？穷得其情，抵法，境内惊为神明。历武选司郎中，时李攀龙、王世贞、徐中行皆守曹郎，以诗文相唱和，皆争下道昆。出守襄阳，多惠政。寻擢兵备福宁，悍卒拥胁，开府莫能支，道昆遽驰入军门，戮首事以徇，一军皆肃。壬戌，倭据横屿岛，沿海城堡相继陷，全闽大震。道昆走浙请援，督府胡宗宪檄总兵戚继光将浙兵八千往。于是道昆主画策，继光主转战，设奇制胜，沿海诸贼垒次第削平。馘斩六千余级，夺回男女辎重无算。幕府上功，赐金绮者三，超擢按察司使，特敕护八闽军事。旋晋右佥都御史开府。八闽海寇剧，贼扫无孑遗，卒中忌口，请告归。隆庆庚午，起抚郧阳，旋迁副都御史，抚楚。至计时，江陵夺情当国，遂乞终养。所著有《太函集》，祀郡邑乡贤。

民国《歙县志》卷 6《汪道昆传》

汪道昆，字伯玉，歙人。嘉靖丁未进士，知义乌县。历福建兵备副使。有悍卒拥胁巡抚，巡抚莫能支，道昆遽驰入军门，戮首事以徇，一军寂然。倭陷兴化，全闽大震，道昆走浙请督抚胡宗宪檄戚继光将兵往。道昆主画策，继光主转战，贼次第削平。累升都御史，历抚福建、郧阳、湖广。神宗立，召为兵部侍郎，出闽、蓟、辽边备。乞终养归。诗文与李攀龙、王世贞狎主齐盟。所著有《太函集》。

《江南通志·名臣》

王李七子起时，汪太函虽与弇州同年，尚未得与其列。太函后以江陵公心膂骤贵。其《副墨》行世，暴得世名。弇州力引之，世遂称元美、伯玉，而七子中仅存吴明卿、余德甫，俱出其下矣。汪文刻意摹古，尽有合处。至碑版纪事之文，时援古语以证今事，往往扞格不畅，其病大抵与历下同。弇州晚年甚不服之，尝云："予心服江陵之功，而口不敢言，以世所曹恶也；予心诽太函之文，而口不敢言，以世所曹好也。无奈此二屈事何？"是亦定论。当海内盛趋鳇中时，汪高自标榜，至谓文人倔强、不肯攀附者，目为夷狄之不奉正朔。至今日反唇弇州者日众，又何论太函？太函居林下久，睹弇州再出，不免见猎之喜。时许文穆为次辅，其同里至戚也，屡言于首揆吴县、三揆太仓，不能得。则又致书弇州公，转托其缓颊于太仓，以速汪之出。终以时情不允辞之，弇州亦寻里居矣。汪暮年眷金陵妓徐翩翩名惊鸿者，绸缪甚殊，甚至比之果位中人，作《慧月天人品》。其文全拟佛经，秽亵如来亦甚矣。其门下词客如潘之恒、俞安期辈，又从而附会之，作歌作颂，更堪骇笑。江陵封公名文明者七十诞辰，弇州、太函俱有幛词，谀语太过，不无陈咸之憾。弇州刻其文集中，行世六七年而江陵败，遂削去此文，然已家传户颂矣。太函垂殁，自刻全集，在江陵身后十年，却全载此文，亦不窜易一字，稍存雅道云。

《万历野获编》卷 25《汪南溟文》

道昆字伯玉，歙县人，嘉靖丁未进士。仕至兵部左侍郎。嘉靖末，历下、琅琊掉鞅词苑，伯玉慕好之，亦刻镂为古文辞，而海内未有闻也。万历初，江陵为权相，其太公七十称寿，朝士争为颂美之词。元美、伯玉皆江陵同年进士，咸有文称寿，而伯玉之文独深当江陵意，以此得幸于江陵，元美乃迁就其辞，著《艺苑卮言》曰："文烦而有法者，于鳞；文简而有法者，伯玉。"伯玉之名从此起矣。厥后名位相当，声名相轧。海内之山人词客望走噉名者，不东之娄水，则西之鳇中。又或以其官称之曰"两司马"，昔之两司马以姓也，今以官，元美亦心厌之，而无以禁也。元美晚年，尝私语所亲："吾心知绩溪之功为华亭所压，而不能白其枉；心薄新安之文为江陵所协，而不能正其讹。此生平两违心事也。"伯玉为古文，初剿袭空同、槐野二家，稍加琢磨，名成之后，肆意纵笔，沓拖潦倒，而循声者犹目之曰大家。于诗本无所解，沿袭"七子"末流，忘为大言欺世。《谒白岳诗》落句云："圣主若论封禅事，老臣才力胜相如。"几于病风狂易，使人呕哕矣。广陵陆弼记一事云嘉靖间，伯玉以襄阳守迁臬副，丹阳姜宝以翰林出提学四川，道经楚省，三省会饮于黄鹤楼。伯玉举杯大言曰："蜀人如苏轼者，文章一字不通，此等秀才，当以劣等处之。"众皆愕眙，姜亦唯唯而已。后数日会饯，伯玉又言如初，姜笑而应之曰："访问蜀中胥史，秀才中并无此人，想是临考畏避耳。众哄堂大笑，伯玉初不以为愧。"此事殊可入笑林也。

《列朝诗集·丁集第六》

朝鲜使吏曹参判尹根寿子固同子进士昭京云："小邦极慕王元美、汪伯玉集，即童子皆能授读。"随有诗怀两先生云："大海雄文回紫澜，齐盟狎主有新安。平生空抱投鞭愿，怅望南云不可攀。"

《枣林杂俎·丛赘》

新安之诗，莫盛于汪伯玉先生。伯玉当嘉隆间，以文章声势奔走天下士，与琅琊、历下称鼎足。百余年来，缙中显仕多萃汪族，而文采风流则罕闻于代。甚哉，诗道大而家学之难兴也！往岁松之自云间归，传示王先生玠右与汪子晋贤酬倡诗，因言晋贤为伯玉先生近属，年少有隽才，而倾心好士，桂枝片玉，要当为国秀。余心识其言，适有事嘉禾，遂往造焉。对案呻唔，连辰谐赏。交分桐叶之题，细举匏尊之酌，意气欢甚。时晋贤方选诗风，征余作诗要指。余告之曰：杨仲弘有言，取材于《选》，效法于唐，此诗家律令也。不读《选》而希风汉魏，是犹之济洪流而舍篝筏也。不法唐而旁及宋元，是犹之厌家鸡而求野鹜也。晋贤首肯余言。今年早秋，余避地同川，晋贤远寄《华及堂诗稿》，于时晨露泫珠，新梧垂乳，疾读一过，清风飒然。目中英妙之姿，能诗众矣。然俊情丽语，络绎奔赴，鲜有及晋贤者。得非深有契于仲弘之论诗，而心摹手追，以几及之者耶？即伯玉先生抗衡琅琊、历下，亦惟是《选》体唐音，奉为质的，而导扬之以发其菁华，咀漱之以穷其变化。今晋贤齿方踊冠，镞砺括羽，修绠汲深，益进于古人。举伯玉之弧蜇而重建之，以角中原之坛坫，愚虽老，犹愿执殳以为之前驱也。

《愚庵小集》卷 8《华及堂诗稿序》

闻伯玉晚年林居，乞诗文者填户，编号松牌，以次给发，享名之盛，几过于元美。盖元美所推奖二人，于鳞道峻，仕又不达。伯玉道广，位历崇阶。人情望炎而趋，不虑其相埒也。

《静志居诗话》卷 13《汪侍郎》

汪道昆，字伯玉，歙县人；嘉靖丁未进士。除义乌知县，历官兵部左侍郎，有《太函集》。汪禹乂云："伯玉声调并佳，能臻阃奥。"李舒章云："汪司马诗如薪刍满地，英楚其寡。"徐兰生云："伯玉篇无警策，妄自矜大，余尝借大陆语评之，混妍媸而成体，累良质而为瑕。徒悦目而偶俗，固声高而曲下。"诗话：王元美论诗文，大指具于《卮言》，七卷有云，"文繁而法，且有委，吾得其人，曰李于鳞；简而法，且有致，吾得其人，曰汪伯玉。"又云"历下极深，新安见裁"，是心折李、汪靡有间矣。窃怪其效敖陶孙作诗文评，苟有寸长必加品骘，顾于鳞两见，而伯玉不及焉，何与？观《四部稿》中赠汪序，如云"上本义牺，下则姬孔，俯踞二京，跨千载而上，皎然若日中天。"其言太浮而夸，似非出于中心之诚者。闻伯玉晚年林居，乞诗文者填户，编号松牌以次给发，享名之盛，几过于元美。盖元美所推奖二人，于鳞道峻，仕又不达；伯玉道广，位历崇阶。人情望炎而趋，不虑其相埒也。昧者不知，诋谌伯玉未免太甚，所引陆无从记一事，见无从《正始堂集》中，与所诋谌者略别。伯玉裔孙称无从为伯玉弟子，而无从赠《弇州歌》云：济南新安狭已甚，君子视之特小巫。不应弟子而毁先师若是也。

《明诗综》卷 52《汪道昆》

《太函集》，一百二十卷，歙汪道昆伯玉撰，万历辛卯刊。伯玉居太函山，故以名集。首有自序，门人刘一然书之。刘一然即刘然，字子矜，以书名者也。

卷一至二十六为序文；卷二十七至六十二为传状、墓表；卷六十三至七十七为碑记；卷七十八至八十三为铭赞、祭文；卷八十四至一百六为杂著、论疏、书牍；卷一百七以下为古今体诗。

此书已为孤本，偶于肆书目中见之，往购则已为无锡某君所得。幸其人为宾虹之友，宾虹乃亲往无锡取书以来，阅之殊失望，以其文固凌杂无纪，枵然中虚，又多代名庚词，不易征实也。伯玉负一时盛誉，与于鳞、元美齐名，乃较《弇州四部稿》更芜冗矣。

其自序言："将以家食之暇，成一家言，命曰太函，厘为三卷，上之则道术之辨，性命之原；中则经国之程；下则经世之业。比年多病，竟谢未遑，发副墨之藏，徒暴吾短，天丧元美，谁定吾文？"盖亦不甚自喜也。兹撮录数条于后。

《歙事闲谭》卷 5《太函集》

嘉靖四十二年三月十八日，倭贼进至建阳，巡按福建监察御史李邦珍趣臣督战，臣启行间。据兵备副使汪道昆呈称奉文，会同副总兵官戚继光选募浙兵，于本年三月十七日入境。行至浦城，据报，新倭四百余徒自长乐县地方登岸，札营小址，窥伺省城。本道先发前部六营把总胡守仁、褚应宿率兵兼程赴省，贼闻兵至，随奔福清县岱后地方。总兵官刘显、俞大猷各发官兵分伏要路截击。四月初十日，提督军门右金都御史游震得亲督胡守仁等三营劲兵，径趋福清县追剿。贼闻大兵压境，夤夜潜由江口逃遁。本月十五日，总兵官刘显会同俞大猷、各发把总郭成与领江西援兵把总乐埙及领兵名色把总包堂、郭文、刘添庆、刘添荣、刘招桂、龚仁、朱相，指挥魏宗瀚等，率兵分伏要路。本日卯时，官兵齐出奋击，俘斩首级一百四十五颗，生擒一十六名，夺回被掳男妇数百。又准总兵官俞大猷报称：本镇一面督发中军指挥魏宗瀚统兵合剿，一面督令名色把总朱相带兵前往可通平海要路开沟断桥以截去路，仍令各兵埋伏，俟贼渡水邀击，至日卯时，前贼果突大营，刘兵放铳为号，伏兵四起，刘兵从左冲击，我兵从右夹攻，贼众大败。我兵乘胜冲杀，追至开沟处所，朱相伏兵齐起，贼无去路，擒斩过半，余党势穷，奔投入海。

《谭襄敏奏议》卷 1

任，岭南章句之士也。久承风问，诵义有年。往在都下获览公襄阳诸作，严而有法，每惊诧以为枚、马、迁、固之流，独未见闽中撰著也。友人陈道襄侍御按部入闽，曾蒙问及姓名，索观鄙句，则任亦不可谓不受知于公矣。兹窃禄江都，与新安颇近，闻公暂解兵柄，闭关著书，恨未由一造，奈何！昨周公瑕以《孝廉将军传》见寄，王仲房以《般若堂记》见示。遥想山居休豫，造物与游，但恐圣明厌席拊髀，旧人留屯，十二疏似待赵君片纸驿书。郭令公即日就道，黄山白岳，未得遂公高楼耳。谨此勒状，上候兴居未间，惟珍摄为吾道自重。

《欧虞部集·文集》卷 21

国家以御史大夫出为抚台，凡以拊循有众也。其在边陲，则军政属焉，任益以重矣。闽旧无抚台，比以岛夷数入寇，特置权略与边陲等。其大者宣天子德意，而致之人人；次之制驭将帅，总其辔衔，期无失三军欢，以庶几得其死力。而闽地狭小，民力又大困。寇至则望兵如渴，寇退则厌且畏，如不能朝夕去也。今之任事者岂不难哉？初继光以明命自浙至，适新安汪公整饬兵备。公时进继光，谈东南事意甚合，又相与乞师于浙闽，至今赖之。居无何，主爵以闽事方殷，非公治军旅不可，于是属公护军，又晋公按察使，护军如故。已即以开府属焉，比开府，则武备日修，寇以次芟削，岛夷竟不敢航海肆毒者再稔于兹矣。或谓"三军之功，继光之力"，此非知兵者。授我方略，假我便宜，饩廪以时，公其赏罚无智名、无勇功，而东南阴受公赐，古所谓社稷臣，非耶？假公数年，即无论七闽百粤之郊无垒矣。而论者顾求多于公，赖君相知公贤，不为动。然亦以其言易置之，重塞君路也。公怡然归田里以待命，诸大夫国人及材官健儿皆相率遮道愿留，或呜咽不能出一语。继光曰：若辈即愿留公，公即愿卒贶南国，如廷有成议何？且往年继光师次漳州，公贻继光书曰"苍头自山中来，言老母病，某便欲弃官归。即以此得罪，无恨。"则今日之事，公夙心也。公再造全闽，易危为安，忠矣。旋轸旧邦以暂酬终慕之情意者，天且成公之孝，而为闽偿公与？于是遮留者稍稍引去。然天方祚明，海县方喁喁响风，公安得自适己志归！置酒为二亲寿，趣从诸老荐绅相劳苦慰藉，明天子且召公矣。公休休有容，然摘伏惩奸，凛弗可犯，端凝高亮，皭然不滓，乃文辞则郁郁乎先秦遗矩，雅德清称，盖未易更仆数也。继光待罪行间，故仅述其所睹记者如此。

《止止堂集·横槊稿中》

　　维年月日，具官某窃闻：方域之神称巨灵者，实维城隍。故诸侯大夫遇灾患者则寮寀，士庶皆反己不类，为诸侯大夫致修禳之道于神。中丞汪公文武自将，握符闽邦，厥有丕绩。迩者明圣授钺东南，临制千里，奸变消弭，允为长城。不意母夫人近婴疾疢，贻中丞忧。某惟中丞赖明神以翊福德，明神必藉中丞以妥英灵。神人相通，幽明均责，神能恝然来不思惠轸于一方耶？惟下吏叨镇斯土，莅官用兵，荐失其纪，夙夜自艾，不蒙孚佑，降以戮辱，理之所宜。今以祸某者祸中丞，则百司庶官焉赖？某愿以身代母夫人病，用是濯心涤虑，率诸将士诣明神之前，荐牲陈恳，祈阙疾有瘳，启处日泰，以登期颐之域。庶中丞专心仗节，永殿南邦，兹国事民命攸关，匪敢效私祷也。明神鉴诸。

《止止堂集·横槊稿下》

闽自乙卯至于壬戌，山海寇攘无宁岁，闽且岌岌矣。予以浙东参将入援浙，宪副印东王公、闽宪副南明汪公共监其军。王公义在同舟，矢期协济，复天幸汪公邂逅秦川，即为知己云。比予受大司马胡公命，惟以秦川寇平即振旅，旋分地。横屿捷后，予以汪公之义不忍舍，部士皆汪旧。赤子乍见慈母，恋恋视予且甚焉。乃复许抵玉融，王以桑梓之故，亦乐于南下。制府中军都司戴君领军二千佐予，意不欲行，强与俱发，秋杪日抵玉融。时中丞新安游公驻军兹邑，巨寇数万方趋壁牛田，震惊玉融。邑以新破之余，人无固志。八月朔，予出次锦屏山，平明一鼓歼之，残寇遁莆阳。戴君以制府中军之宠，力求还，予度不可挽，遂听其去。十月三日入莆，夜出军捣之，昧爽贼俘馘沈溺殆尽。班师还，再经玉融，新至倭酋双剑潭，屯牛田以待后寇，予复驰，大破之。部中士马不逾五千，三捷，伤困与水土之疫，病负居半。双剑潭者，久掠剧贼也。新倭二百余徒皆鸷猛，予兵强弩之末，不能穿鲁缟，无论贯革，盖力竭于是战矣。无何，倭沓至者数十艘，众盈万，皆未试之铎也。视剑潭辈，尸尚未寒，遂俱南下。南明公备福宁，正其监护之地，与予共坐西楼，觇烽火，欲再鼓疲兵出奇策，而兵士军城中辄书惊，知不可强矣。公实心任事，民瘼君恩，忧形于色，问予计将安出？予曰："驱疲兵当新寇，无异驱群羊搏猛虎。予厕浙七年，义气教练俱笃于乌伤，庶几乎有勇知方之风，况制府胡公，公之乡先达也。公旧尹乌伤，乌伤人诵公德政，至今不衰。公诚力任澄清八闽之计，同入浙乞师于胡公，公必无难。予以兹有众，俱递进为大小头目，令各募其亲识之健者，合新旧二万人入闽，举八闽山海之寇，可以数月平。必不得已，即万人行亦足荡定海寇矣。"公乃奋然起，许予共往。予先督诸军，于仲冬之朔发自芋原，公继发。予次婺州，即闻胡公以人言被逮。公亦至建宁，得胡公报，驰书示予曰："臣子荷国厚恩，无以有已，胡公往，即不得尽如夙所期，顾恶忍坐视闽赤子之荼毒。浙之行，义不可止也。"予方念胡公北辕，浙无知己，计必不行，颇悔初念，欲际新中丞未至，乞病东还。偶捧公书，洒泣振袂曰："南明公不忍负闽赤子，予可负知己乎？"遂自西兴复入武林，时公亦至，而新中丞方涤篆玺书，革兼制。浙闽于是有此疆彼界之分，而万全之念自当先于境内。公与予祈之多方，江阴延陵赵公，以金宪备兵台金岩。赵昔继南明公后尹乌伤，惠政得民，尝协予募乌卒，授以兵法，简阅教练，竟可即戎。其人夙重义气，恫款慈仁，卓尔大雅也，与予约分其兵，始可有济。遂以某日自婺州誓众入闽，贼已破兴化及平海卫。先是都督刘公壁迎仙寨，与兴化相距三十里，某日师次浦城。先是境内有山寇二千余，奋臂当辙。南明公先予一舍行，予至尚壁水吉，谓予曰："蠢寇数千辈，敢当吾前，必殪之而后哺食，何如？"……公谓："一民不获，皆有位之责。"遂以日暮亲督一军，与予分路沿山林径抵小湖夹攻，一鼓焚溺殆尽，败窜者复为乡民收捕之。夜雨甚骤，黎明趋建阳，士卒负新至之功，方望中丞公醾赏贾勇，长驱以破勍倭，而中丞公且论。予翱翔上郡，予未至时，先有总戎俞公尚兼镇漳潮，以土募新民八千，与刘君共垒截寇。中丞公督战益急，时已有欧阳将之失。予乃上书大略，请乞集兵，持满而发，以水救焚为譬，言甚切直。谋于南明公，公是予。书闻之中丞，中丞滋不悦，乃因论别将，有徘徊之句，借予翱翔为对语。凡陷兴化、陷政和、陷寿宁、陷平海、陷铜山、复陷宁德，皆壬戌冬，癸亥春事。予之甫至省会也，中丞公汲汲议礼，直指公则谆谆劳苦，若将有言而不尽发者。第云"幸觌马钟阳公"。公叙寒温外，不暇出他语。即问予何见刘君，盖知直指公意，而恐予之不相下也。予曰："数千里赴义，在纾闽之急，图万一涓埃之报耳。即折节何爱耶？"钟阳辴然笑曰："公言及

此，全闽福也。"直指公闻之亦喜动颜色，遂帅师抵平海，受成
于新中丞二华谭公、今中丞南明汪公。一鼓破之，共斩二千四百
有奇，悉还兴平之俘。由是而再袭贼马鼻，败之于肖石，又败
之。则北路及陷寿、政二邑之倭俱歼矣。八闽平，予亦受镇福建
之命，而遥辖瓯婺，以部士产于两郡也。癸亥冬，巨寇几二万困
仙游，败之城下，遂遁，复追至漳南，奏三大捷，寇平。夏汛，
寇复犯大石、犯东张，皆遣将收之。复有黠寇巢海中山，予亦渡
海灭之。已而二华公以终制得俞旨，南明公积功授按察使，即代
二华公开府。是冬，入漳治吴贼，吴贼遁。乙丑春暮还，镇福
建。倭为风所迫，有数舰登永宁、福宁间，以李参将超等先后收
捕之。汛事毕，予以迎直指陈海山公于郊，偶坐楼上，因忆昔日
之艰难，且以予职旗鼓督军行间，肃队而出，悬毡而返，虽五尺
童子，知予功也，而不知壬戌冬之密盟，南明公之任难，即士大
夫亦有能知者。虽同寅辈且疑予畏惧贼势，奉身缩浙，惟巡海万
安周洞严公守延津见予，与南明公往来书，一人识之而已。呜
呼！无智名无勇功，大德不德者，南明公之谓也。予因感旧，志
此以明功所自出，俟夫太史氏采焉。

《止止堂集·横槊稿中》

蓬门生事渐萧骚，望里惊鸿首重劳。乡地岂应无缟带，故人
殊自有绨袍。青阳忽冒寒云转，白云遥令瘴海高。却笑古来中散
癖，可能容易绝山涛。

《弇州四部稿》卷38《谢汪伯玉中丞惠衣》

白马招提纪汉年，即看经像震方传。翻时贝叶云俱润，礼罢
莲花月并圆。老去一龛居士业，悟来双夹宰官缘。灵山倘是相逢
地，莫忘金篦导我前。

《弇州四部稿》卷42《同舍弟邀汪伯玉仲淹昆游莲花庵》

帝城西北有莲宫，水槛冰壶面面通。甘雨跳珠千叶上，法云
垂绮百花中。诗携爱弟蓝田侣，酒许征君白社风。莫向幻人论色

界，望来烟景坐来空。

《弇州四部稿》卷38《谢伯玉中丞见遗经像》

闽事棘，国家急得公如天球大贝。一旦借公力略定闽，不经事少年从而拟其后，赖庙计差定耳。公所谓独孤犹镜，磨之益莹。且此举仅六月息，扶摇羊角九万益上，第台谏类若此。异日县官缓急，何赖。仆拟汎一棹从公为绿野之客，倾吐挥霍，使千古色动，因谒齐云，登黄山而归，大愉快。念老母不能远出行，复自笑造物者当忌此举动，吾曹不利人，乃累公耶？昨偶见一友人云，公能轰饮至数斗不乱。与公同年近十载，始得公文，又十载始得公酒，可为晚合。然至于命樽罍，呼卢握槊，分筹斗白，又未卜何日也。语及，更益怊怅耳。沈生自是湖海气，有足当尊意者。吴郎妒除目，踯躅武夷建溪间，竟不知作何状也。彼骤失公，如奋乳儿，恐难自生活矣。公久拮据兵事，归奉年伯老先生颜色，当益欢，第闻百口多负责公。又垂橐得无虞共养耶？二诗欲抒鄙素，遂略忌讳，外具真野人之敬，希鉴入为荷。

公别后，亡何而上书人归，书寝弗下。宰公者贻札数百言，责仆以大义，谓当出相公，言则少而辞加峻。已又属乡人郭吏部坐一介吾家，谓不出何以复宰公命。时仆尚未脱布帽鹿裘，枕维摩、楞严而卧，室人娓娓交谪矣。固强弗应，乃窃闻老母为损匕箸曰："吾何以供而之食客也。"又弗应。则又曰："而不念而父之事未竟也，而拂造物者。夫造物者造而父而拂之以自完则可，吾何赖于后？"不获已，乃姑为若出者。因季狂往，附数行以报公，然匆匆未悉也。至京口，辄又复上书乞归，而抚台以秋期来檄，又不获已，移舟至彭城待命。时有邸报。相公厌政事还里。仆窃自喜，庶几其遂余私乎。所上书人再归，而书再寝如故也。盖宰公之言加峻云，又不获已，而往之魏，今稍量移也。且一载而仆仆不休，意若甘禄食者，盖春时复上书，上书人遇盗几殒，委顿返，欲复上书，则见以为矫而饰情，或谓躁，不安其官。上之台，台辄格，谓幸壮无害，奈何亟拜亟返乎？以故噤弗敢请，而先大夫之事得之于台者乃不得于省，曰胥后命。然则不佞之出，竟何赖为。追忆舟中领公见诲语，有味乎其言之也。春时相公谓仆，吾所以欲起若者，非为若也，宰公亦不必以吾知，若今恐不然矣，迹其语今似少验，嗟夫！世固不能知仆，而乃欲强仆之所不欲得者而予之。仆又安其所不欲得，而忘其所不可，公以子非夫哉！四月莅浙藩，谓公当以例出西湖之上，却扫飞来峰以待，而不闻问，当是细君见怜矣。昨睹邸报，旌闽功，旦夕玺书，开府之召，天下以文人业操觚，不晓事，无益安危之数，一赘疣耳。非公出，不能大洗之。仆当归为公代理烟霞之业，兹专急足布此，以候起居，且有薄恳，并希鉴亮。

昨不腆尺素以授曳裾者，计当达台下矣。山中传入枢府之命，不任踊跃。蒲州公得明公，何异稚圭得永叔也。今五单于面内，南粤授首，而明公从容运筹，其间且以余力发为铙歌鼓吹，扬诩昭代之盛，如椽大笔，纵横燕然山石上，固千载一时也。不肖勉襄先事，方循俗传谢，卒卒无可道。近从仲蔚所从臾之，将束装而以明公报，不成行，赀尽俱返。鸟鹊绕树，作依依可怜色。幸小有以慰，谢之公瑕。意似犹豫，已为力请，或可取陆而南也。于鳞全集更半月可完，计三十卷，公所许序，急付来。吴明卿想暂归里，亦烦为督一序。殷相公志铭与不肖所草传，颇及评骘，故不复赘。嘉则在小山朱邸间，仰仗不浅。季狂落拓，两贤无乃相扼耶！即二甫亦须摄国者加意耳。薄怀缕缕，非毫素可悉。唯加餐自爱。

不佞以一介驰不腆之币于门下，虞其怀不任行役，且长风大涛，未审得自达门大纛下否？审明公从舟行吴闾之傍，不嫌嗣宗服，尚能以青眼佐绿醁也。肖甫中丞时迹，亦或可共周旋。楚史事诸公皆迴车，然魏顺甫之恩明公，甚于衣食之也。此君治济南，有仁明称，无论其沾沾。御李所坐，祇以公事左当路，文致它谴。然非应大黜典，明公一或拂拭之。道傍之苦，得遂钉筵，其为吾党生气，何如耶！俗冗卒卒，非子墨所馨。南溯江云，不任驰情。

苍头归，则以使者偕至，启械而尺一牍后先者再焉。六月为期，期之吴闾，今及秋矣，能不神爽，先驰于檇李越来间也。所示诸集，丁戊之际，获一与寓目焉。乃今选益精，骊珠满握，靡不照乘，讵宜必用七寸式作取舍耶？独集中三四齿不佞，欲增重嫫母之贾，使后世不见轩鼻结喉状，获比肩夷施，良汗愧耳。于鳞集已完，凡三十卷。今附上鄙意，欲得公序者。公于世文章，独执牛耳。不腆敝赋，寔奉盘血以从，而世眼馰馰，谓此子文多诘曲聱牙语，即一二稍习太史氏者，我太史氏无是也。不知于鳞法多自左丘、子长、韩非、吕览，渠固未尽习也。公能忍于鳞，忍不开天下后世觉乎？集已行，须急就付梓，为恳公之来，窃有请也。倘遂取陆而北，不佞不能作长安书，敢遽有请也！张相公知我，且慰存我，高相公遂不见摈，大司马休休感恩则有之，燕间能徼一言之惠以谢乎？至不肖近迹，颇治泉石台榭花木之类，益辟拘法书名画金石古文，不惜解衣质买，匪惟宽身，且用自污耳。以公宠灵，我而不即沟壑也。日操七寸之觚以从，忻然终其身矣。诸处士不受征，竟拜朱邸之赐，无乃过乎？然贫士易为德耳。魏使君任楚史极佳，笔力小窘，须成后出郢斤裁之。夏热颇轻，为道自爱。

《弇州四部稿》卷 119《与汪伯玉》

《太函集》卷一百二十，明汪道昆撰。道昆有《五车霏玉》，已著录。是编刻于万历辛卯，凡文一百六卷，诗十四卷，卷首有自序及目录六卷。道昆名在后五子中最高自标置，然文章实皆伪体。沈德符《敝帚轩剩语》云："王、李初起，道昆尚未得与其列，后以张居正心膂骤贵，其《副墨》行世暴得时名。世贞力引之，世遂称元美、伯玉。汪文刻意摹古，时援古语以证今事，往往扞格不畅，其病大抵与历下同。世贞晚年甚不服之，尝云：予心服江陵之功而不敢言，以世所曹恶也；予心诽太函之文而不敢言，以世所曹好也。无奈此二屈事何"云云。其论颇为切中。德符又称：张居正父七十，世贞、道昆俱有幛词，世贞刻集中。六七年，居正败，遂削去。道昆垂殁，自刻全集在居正身后十年，而全载此文，不窜去一字，稍顾雅道云云。今按《封柱国少师张公七十寿序》一首见此集第十二卷中，则德符之言为信然。以居正父为"众父父"，至比之于"苍苍之不言"，究不可以为训也。

《四库全书总目提要》

附录三　汪道昆生平活动简表

嘉靖四年十二月廿七日（1526.01.09）出生于歙县千秋里。

祖父守义，业盐，号盐筴祭酒，父良彬，曾学医。

道昆一名守昆，初字玉卿，改字伯玉，号高阳生。三岁从祖父受古诗，幼好读古文、戏曲。

嘉靖二十一年（1542），娶妻吴氏，次年以瘵卒。

嘉靖二十三年（1544），续娶吴氏夫人。女出溪南吴氏，其父服贾，产于淮西。五月，祖母去世。

嘉靖二十五年（1546），中应天乡试。游学浙江。

嘉靖二十六年（1547），中进士，与张居正、王世贞同榜。除义乌知县。

嘉靖二十八年（1549），任浙江秋试考官。

嘉靖三十年（1551），入为南京工部主事，改北京户部江西司主事，时俺答围北京，兵退后道昆预修城墙。

嘉靖三十二年（1553），丧妻。改官兵部职方司主事，迎父就养北京。作《庖人（吴三五）传》、《查八十传》、《汪处士传》。

嘉靖三十三年（1554），升兵部武库司员外郎。

嘉靖三十四年（1555），娶妇蒋氏。作《黄氏建友千堂序》。

嘉靖三十六年（1557），升兵部武库司署郎中事员外郎，议欲从征倭寇于淮南，旋罢。作《送吴先生视学山东序》。

嘉靖三十七年（1558），赴襄阳知府任。时张居正父游武当山过襄阳，道昆迎之。作《千秋颂》。典试湖广。

嘉靖三十九年（1560），作《顾圣少诗集序》，始接近后七子，与王世贞订交。成《大雅堂杂剧》四种。

嘉靖四十年（1561），作《奉寿襄王殿下序》。秋赴福建按察副使任，备兵福宁。

嘉靖四十一年（1562），作《奉寿大司马胡公（宗宪）序》、《少司马陆公（稳）平寇（南赣盗）序》。赴杭，监戚继光军御倭。

嘉靖四十二年（1563），升福建按察使。作《孝廉将军（戚继光父景通）传》，绍介戚继光于王世贞。

嘉靖四十三年（1564），升福建巡抚。作《饶歌十章》、《福建乡试录序》、《寿少司徒鲍公（兵部左侍郎鲍象贤）序》、《般若台记》。

嘉靖四十四年（1565），作《封刑部郎中何公暨章宜人七十序》、《明处士江民莹墓志铭》。

嘉靖四十五年（1566），福州卫军殴人，以处理失当罢归。王世懋来信慰问，欧大任来信订交。作《冬日山村十首》、《祭襄王文》。

隆庆元年（1567），作《春日山村十二首》。以徐于室为斋名。

隆庆二年（1568），作《赠余德甫（后五子）序》、《明故资善大夫南京户部尚书鲍公（象贤）墓志铭》。晤谭纶、戚继光，并同戚继光访王世贞于太仓。作《御史大夫思质王公奏议序》，为王世贞父昭雪。为沈明臣作《孤愤集序》。悼胡宗宪作《孤愤诗》。

隆庆三年（1569），偕友人同游城阳山。为吴维岳作《行状》。

隆庆四年（1570），组丰干诗社。任郧阳巡抚。作《杨忠愍公集序》、作《肇林社记》。

隆庆五年（1571），任湖广巡抚。游武当山。编成《副墨》九卷。作《上襄王诗》。

隆庆六年（1572），升兵部右侍郎，为谭纶副手。襄事穆宗昭陵工事。时戚继光任蓟州总兵，道昆奉使行边。作《少师杨公一品考序》。

万历元年（1573），为张居正父作《封柱国少师张公七十寿序》，传说其文"深当江陵意，以此得幸于江陵"，而王世贞所作寿序，则"迁就其辞"而已。

万历二年（1574），王世懋来贺五十生辰。为李维桢祖父作寿序。为武闱试官。作《明故提督学校陕西按察司副使信阳何先生墓碑》。作《封参议南台李公八十寿序》。蒋夫人来京，弟道贯从。

万历三年（1575），为曲家高濂父作墓志铭。以言官纠拾，再疏乞休，不允。作《少保吕相公（调阳）六十寿序》。作诗为王世懋四十寿。为都御史潘恩作八十寿序。请告归里。作《非法偈》赠德清。作诗谢王畿过访。沈懋学来访。

万历四年（1576），作《荐履篇》为戚继光寿四十九。作《谷口篇》。为曲家陈与郊祖父母作墓志铭。

万历五年（1577），梅鼎祚来访，为作《宁国府志》序。作《送王中丞（一鹗）移镇上谷序（宣大巡抚）》。僧大安来访。作《弇州山人四部稿序》。作《重修古刹翊教禅寺碑记》，为刑部尚书吴百朋作《太玄吴氏宗谱序》。休官后自名天游子。

万历六年（1578），作诗《闻大司徒（户部尚书殷正茂）得谢志喜》。母卒，作《先孺人状》。

万历七年（1579），作《黄岩县志序》。作《敕赠安人徐（知府徐成位）母谭氏墓志铭》。遣弟道贯往太仓向王世贞为母乞墓志铭。为故江西布政使徐中行作墓志铭。作《邑大夫李君侯（歙县知县李管）上计序》。

万历八年（1580），与龙膺共结白榆社。作《御史中丞张公（任）平蛮（广西八寨）碑》。作《送太守徐公（知府徐成位）

副山东臬序》。

万历九年（1581），为徽州知府王京父作六十寿序。作《姜太史（宝）集序》。父丧，作《先府君状》。

万历十年（1582），遣弟道贯往太仓向王世贞为父乞墓志铭。作《太守高使君上计序》。与龙膺等同游黄山。为乞碑访王世贞于太仓，并晤胡应麟。

万历十一年（1583），为殷正茂作《达尊偕老篇》。以其尝行贿张居正被劾告归。过嘉兴，为沈思孝作沈纯父《行戍稿序》。

万历十二年（1584），为福建按察使陈文烛《二酉园集》作序。为申时行作五十寿序。为徽州推官龙膺赴绩饯行。李维桢来访。六十大寿，戚继光向王世贞乞寿序。建精舍于肇林。作《遂园记》。卜筑太函于问政之麓，室名函三，自号函翁。作《新太守济南高公奏最序》。

万历十三年（1585），沈明臣来访。胡应麟来访，为作《少室山房续稿序》。戚继光罢官归里来访，为作《沧州三会记》，为其《止止堂集》作序。屠隆、徐桂应邀入白榆社。作《陈令君再入计序》。作《郡太守高公入觐序》。

万历十四年（1586），访王世贞于太仓。作诗送推官龙膺离任。为名妓徐翩翩作《慧月天人品》，梓之。作南屏净慈之会。为谢廷谅母作墓志铭。为宁国知县丁应泰作《首计纪事》。作《吕相公元配累封一品夫人夏氏传》。作《督课黄明府政绩碑》。

万历十五年（1587），屠隆来书《与汪司马论三教》，答之以长函。为王一鹗《大司马王公督抚奏议》作序，作《太傅吕文安（本）公传》。为徽州知府古之贤先公作行状。作《摄山多宝塔铭》。戚继光、王世懋去世。

万历十六年（1588），为宛平丞吴氏夫妇作墓志铭。作《代宁篇》。作《天井灵雨碑铭》。为县人南京户部侍郎程嗣功作行状。作《司马开府华阳徐公考绩序》。为休宁知县丁应泰作《海阳计对》。致书许国为胡宗宪、戚继光恤典进言。

万历十七年（1589），为应天巡抚周继作《中丞周公平寇序》。为王世懋作墓碑。作诗慰王世贞被劾。为焦竑父作墓志铭。刊行《水浒传》，并为作序。[①] 另作《蔡疙瘩（蔡衙内）杂剧》。[②] 治耳聋，无效。

万历十八年（1590），晤胡应麟，为作《诗薮序》。为王世贞告归作诗四首，并致书告以《太函集》将结集。作《乡饮三老传》。作诗《恭陪董使君遣祭胡少保》。作《玉笥仙家三世墓碣》。作《明二千石麻城丘谦之墓志铭》。王世贞卒。

万历十九年（1591），往严州送龙膺免官归里。胡应麟来访，为作《少室山房四稿》序。往祭王世贞。致书李维桢为《太函集》求序。为《太函集》作自序。弟道贯卒。修族谱。为梅鼎祚作《古乐苑序》。作文寿南京礼部尚书王弘诲。

万历二十年（1592），作《戡叛（宁夏哱拜）议》，《致书张真人》。为戚继光作墓志铭。

万历二十一年（1593），四月十九日去世，享年六十九岁。

---

① 徐朔方：《关于张凤翼和天都外臣的〈水浒传〉序》，《光明日报》1983 年 5 月 10 日。

② 金宁芬：《关于汪道昆的几个问题》，《文学遗产》1985 年第 4 期。

附录四　汪氏家谱目录

　　[安徽] 汪氏渊源录十卷　　（元）汪松寿纂修。明正统十三年（1448）刻本，一册。书名据卷端、封面题。版心题正心汪氏录。纂修者本支世居安徽休宁。

　　汪氏得姓众说纷纭，或云鲁顾公支子食采于汪，因以为氏焉，该谱即采其说。东汉末，文和渡江南迁始新（今歙县等）；南齐时，叔举家绩溪登源汪村。唐初，华（一名世华）以保障宣、歙等六州功封越国公，九子建、璨、达、广、逊、逵、爽、俊、献及兄弟侄辈皆衣紫食禄为朝廷命官，自兹其族始大。后裔遍布皖南城乡各地，并分迁苏、鲁、浙、闽、蜀、楚、粤、赣等省。

　　安徽省图书馆（以下简称安徽图）

　　[安徽] 汪氏渊源录十卷　　（元）汪松寿纂修。明正德十三年（1518）刻本，四册，包背装。书名据目录、卷端题。版心题正心汪氏录。有佚名墨笔抄补。

　　国家图书馆（以下简称国图）　　美国哥伦比亚大学东亚图书馆（以下简称美国哥伦比亚大学）

　　[安徽] 汪氏族谱不分卷　　（明）汪永正纂修。明天顺六年（1462）抄本，一册。书名据卷端题。

　　先祖同上。

　　黄山博物馆（以下简称黄山博）

　　[安徽] 新安汪氏重辑渊源谱八卷　　（明）程孟等纂修。明

成化元年（1465）刻本，三册。书名据目录、卷端题。版心题汪氏谱总。

始迁祖思立，行十二，唐代始迁歙西塘。有新安六邑汪氏所居之图、桐墅景图、大里景图。

国图

［安徽］重修汪氏家乘三十四卷首一卷末一卷　　（明）汪奎纂修。明正德三年（1508）刻本，四册。书名据版心、谱序题。

汪氏始祖姬姓，周时鲁成公次子封汪侯，子孙以汪为氏。三十一世文和，仕吴授会稽令，遂家安徽歙县，是为江南始祖。四十四世世华字英发，改名国辅，绩溪登源开派祖，唐封越国公。子九，长建，字子尚，后世析居休宁、婺源、祁门、宣城、旌川、泾县等处。至五十五世思立，徙歙西塘模村，是开派支祖。次子璨子云遇，唐涪川令，随任居涪。三子达（字德）远征高昌有功袭爵，子孙有世守高昌、有开派绩溪尚田。四子广字巨君，传六世贤常由绩溪登源分派歙县篁墩，六子迒（字守道）住登源汪村，后世失考。七子爽，字子开，裔孙分徙宣越太平，泾县赤山井亭、歙县慈姑。婺源环珠等处。八子俊，字符杰，子孙自登源汪村分徙旌德新建、歙县篁墩、休宁藏溪、祁门石山、韩溪、楚溪等处。卷首序、凡例，卷一本始图，卷末庙记、祠记、祭文、诗。奎属婺源涪溪一支。

国图

线装书局 2002 年影印《中国国家图书馆藏早期稀见家谱丛刊本》

上海图书馆（以下简称上图）　　浙江图书馆（以下简称浙图）

［安徽］新安汪氏重修八公谱　　（明）汪尚琳纂修。明嘉靖十四年（1535）刻本，六册。书名据卷端题。

始祖俊，唐越国公世华第八子，即谱名中的八公。俊子处方自绩溪登源迁歙县黄墩，至曾孙德曼有三子：长曰广，迁旌德新建；仲曰廙，仍居黄墩；季曰音，迁休宁藏溪，别为三大派。是谱即记八公俊之系。卷一序、渊源录、垂裕录、姓氏论、得姓辩、迁徙考等，卷二至五世系，卷六至七历代封诰，卷八序记，卷九传记、行状等，卷十墓志铭、像赞等，卷十一诗文。有汪克宽等所作序。

美国国会图书馆（以下简称美国国会图）　上图　日本东京大学东洋文化研究所图书馆（以下简称日本东京大学）

［安徽］新安汪氏统宗谱不分卷　（明）汪镬纂修。明嘉靖间刻本，一册。书名据目录、卷端题。版心题汪氏统宗谱。

有汪氏所居之图、陵寝之图及像赞。

国图

［安徽］汪氏续修统宗谱不分卷　（明）汪子仁纂修。明嘉靖四十年（1561）刻本，三册。书名据谱序题。

有墓图、像赞。

国图

［安徽］汪氏统宗谱　（明）汪氏纂修。明嘉靖间刻本，一册。存卷二十七。书名据版心、卷端题。记事至明嘉靖四十四年。

北京大学图书馆（以下简称北大）

［安徽］汪氏统宗谱　（明）汪湘等纂修。明隆庆四年（1570）刻本，八册。存卷一至七、二十七至五十六、五十九至七十七、八十八至一百三十四、一百五十三至一百五十八。书名据版心、卷端题。

上图　北京师范大学图书馆（以下简称北师大）　河北大学图书馆（以下简称河北大学）

［安徽］汪氏统宗谱一百七十二卷　（明）汪湘纂修，（明）汪同文增修。明隆庆四年（1570）刻明万历四年（1576）增刻本。书名据版心、目录题。记事至明万历四年。

中国人民大学图书馆（以下简称人民大学）　国图　安徽省博物馆（以下简称安徽博）　吉林大学图书馆（以下简称吉林大学）

[安徽] 汪氏统宗谱纂要四卷　（明）汪士贤纂修。明万历八年（1850）抄本，一册。书名据卷端题。

卷一历世支系，诸支分派，卷二像赞、墓图，卷三至四各支派世系，汪氏迁徙地名。

上图

[安徽] 汪氏宗谱纂要四卷首一卷末一卷　（明）汪士贤纂，（清）汪宏布订正，（清）汪汝清补订。清乾隆四十年（1775）歙东龙溪坦头惇本堂刻本，四册。书名据书名页、目录、谱序题，版心题汪氏纂修。

国图　北师大　河北大学　浙图　黄山博

[安徽] 汪氏统宗谱一百七十二卷　（明）汪同文纂修。清乾隆九年（1744）重刻本，十一册。存卷一至三十、四十四至一百七十二。书名据卷端、版心题。册序依十二支排列。

卷一像赞、墓图、舆图，卷二至四古世系、记、文，余卷均为各派世系、谱序、墓志。

上图　南京图书馆（以下简称南京图）

[安徽] 汪氏统宗谱　纂修者不详。清刻本，三册。存子部卷一至八，卯部卷四十三至六十八，辰部卷六十九至七十六。书名据版心、卷端题。

中国科学院图书馆（以下简称科图）

[安徽] 汪氏统宗谱本源　纂修者不详。清乾隆九年（1744）爱敬堂刻本，一册，存卷一。书名据版心题。

黄山博　重庆图书馆（以下简称重庆图）

[安徽] 汪氏统宗谱一卷　汪氏合族纂修。清乾隆二十一年（1756）汪道圻抄本，一册。书名据卷端题。

北大

[安徽] **汪氏统宗谱**　纂修者不详。清抄本，二册。存卷百四十一。另一册未标卷次。书名据目录题。

卷一百四十一汪氏本始图说、祁门县卢溪宗谱序、世系，另一册载迁派地名、汪氏传流谱要、世状表、墓图等。

上图

[安徽] **汪氏统宗正脉**　（明）汪仲鲁纂修，（明）汪进、汪奎等续修。明隆庆五年（1571）歙县虬川黄氏刻本，二册，存卷首、卷一、二、十二、十三。书名据版心、卷端题。

此是婺源大阪一派族人所修，内容与汪湘等修《汪氏统宗谱》相似。

上图　安徽图　绩溪县档案局（以下简称绩溪档）

[安徽] **汪氏二修统宗脉谱二十八首一卷**　（明）汪云程纂修。明刻本，八册。存卷首、卷一至三、七、八、十二至十七、二十一至二十八。书名据版心、书签、书名页、卷端题。

浙图　河北大学

[安徽] **越国世子正脉七卷**　（明）汪正之等纂修。明万历三十七年（1609）刻本，二册。书名据版心、卷端题。

国图　北大　上图

[安徽] **汪氏统宗正脉不分卷**　（清）汪廷桢纂修。清乾隆间刻本，九册。书名据版心、卷端题。

始迁祖思聪，唐自旌德新建迁来绩溪坦头。谱载弋阳曹溪汪氏统宗正脉序、绩北坦头汪氏谱序、古世系、碑记、行状、像赞、坦头支世系世传，综览谱之所载，全为绩溪支事，而开卷却首刊弋阳谱序，领谱字号又有"大阪（属婺源）统宗谱局"字样，得非坦头后裔播迁江西者所刻与？

江西余江县石桥汪氏宗祠　上图

[安徽] **汪氏统宗正脉**　（清）汪纯宗等纂修。清乾隆十七

年（1752）刻本，存二册。书名据版心题。

谱载序、世系。

上图　吉林大学

[安徽]　汪氏统宗正脉　（清）汪进等纂修。清乾隆二十年（1755）抄本，一册。书名据版心题。记事至清乾隆二十年。

安徽图

[安徽]　汪氏统宗正脉　（清）汪进等续辑。清抄本，一册。书名据卷端题。记事至明景泰五年，续补记事至清乾隆四十九年。

北大

[安徽]　汪氏统宗正脉谱十二卷首一卷末一卷　（清）汪修德主修。清光绪二十一年（1895）永伦堂木活字本，十四册。书名据版心、卷端题。书名页题汪氏统宗谱。

美国犹他家谱学会（以下简称美国犹他）

[安徽]　汪氏统宗正脉四十二卷首一卷　汪学恕等纂修。清乾隆五年（1740）敦叙堂刻本，六册。书名据版心、卷端题。

北大

[安徽]　汪氏统宗正脉续辑　纂修者不详。明天启四年（1624）刻本，一册。书名据谱序题。

国图

[安徽]　汪氏重修统宗谱一百五十卷　（明）汪士芳纂修。明崇祯八年（1635）婺源刻本，二十册。书名据版心、书签题。

是为新安各县之统宗谱，兼收江浙等地支派。首册《历朝修谱纪实》云：本次修谱，派系一遵汪湘旧谱。

北大　国图　重庆图　上图

[安徽]　汪氏总谱渊源世系七卷谱说一卷　（明）汪志英等纂修。明刻本，四册，包背装。存卷一至六、谱说。书名据卷端题。

国图

［安徽］汪氏原始流衍统谱总要十一卷　　（清）汪元秋纂修。清康熙间刻本，一册。书名据卷端题。版心题汪氏统谱总要。

卷一序、古系迁派，卷二至十一各支始迁祖及迁派地名。

上图

［安徽］汪氏原始流衍统谱总要十一卷　　（清）汪包山纂修。民国抄本，一册。

中国社会科学院经济研究所图书馆（以下简称经济所）

［安徽］汪氏通宗世谱　　纂修者不详。清刻本，一册。存卷一百三十三。书名据版心题。记事至清雍正间，墨笔增补内容为乾隆五十二年刻本所据。

本册载休宁溪世系图、传记。

上图

［安徽］汪氏通宗世谱　　纂者不详。清木活字本，一册。存卷一至三。书名据版心题。卷端题汪氏统宗谱。记事至清乾隆间。

卷一题词、像赞、歙睦杭宣等与地图，卷二至三世系、传记、诰敕、行状、上谕、案奉。

上图

［安徽］汪氏通宗世谱一百四十卷　　汪氏合族纂修。清乾隆间刻本，三十一册。存卷一至三十五、三十九至四十五、五十八至六十一，七十二至一百四十。书名据版心、卷端题。

北大

［安徽］汪氏通宗世谱一百四十卷　　（清）汪玑主修。清乾隆四十年（1775）刻本，三十六册。书名据版心、书签端题。

国图　北大　美国哥伦比亚大学

［安徽］汪氏通宗世谱一百四十卷首二卷　　（清）汪玑主修。清乾隆五十二年（1787）刻本，三十八册。书名据版心、书

签题。

是谱系据明隆庆间汪湘等修统宗谱扩充编纂而成。录安徽休宁、黟县、祁门、旌德、宁国、太平、贵池、宣城、南陵、铜陵、繁昌、无为、泾县、芜湖、青阳、六安、当涂、建德，江西婺源、上饶、彭泽、新城、弋阳、鄱阳、玉山、德兴、浮梁，浙江龙游、淳安、杭州、开化、吴兴，江苏丹徒、宜兴、嘉定、吴县、扬州、高淳，甘肃陇西等汪氏五十派共七百三十一支。

安徽图　国图　中国社会科学院历史研究所图书馆（以下简称历史所）　河北大学　上图　山西省社会科学院中国家谱资料中心（以下简称山西家谱）

［安徽］汪氏通宗谱　（清）汪恂纂修。清乾隆四十年（1775）修，清道光间抄，二册。书背题汪氏族谱。谱序题重修汪氏族谱。

美国哥伦比亚大学

［安徽］汪氏世系歌不分卷　（清）汪大治纂修。清道光十一年（1831）抄本，一册，毛装。书名据卷端题。版心题世系歌。

安徽图

［安徽］新安汪氏宗祠通谱四卷首一卷末一卷　（清）汪之遴等纂修。清道光二十年（1840）刻本，四册。书名据版心题。

国图

［安徽］汪氏世谱不分卷　（清）汪裕銎续修。清抄本，一册，毛装。书名据卷端题。

安徽图

［安徽］汪氏总族谱　纂修者不详。清抄本，一册，散页。书名据书名页题。

是谱自得姓始祖开始纪世，但只载至唐越国公（四十四世）子爽，另附有世系八十四至八十六代抄页一页。

浙图

[安徽] **汪氏统宗谱十卷附文翰十卷**　纂修者不详。清抄本，一册。存卷一。书名据目录题。

存卷载徽州府总图，各县分图、旧谱序、像赞、古世系。

上图

[安徽] **颍川晋初陈郡阳夏县靖仁里汪氏大宗历朝续录不分卷**　（清）汪嘉祺纂修。清抄本，一册。书名据首页卷端题。

历史所

[安徽] **闾川汪氏宗谱六卷**　汪承浩等纂修。1924年永思堂木活字本，六册。书名据书衣题。版心题汪氏宗谱。

唐越国公华之第七子爽，字子开，徙绩溪登原闾川。后子孙分迁皖、浙、赣诸地。本谱纪爽公支系，有安徽绩溪、歙县、休宁、宁国及江西婺源、浙江昌化、淳安等派。

天津图书馆（以下简称天津图）　绩溪档　上图

[安徽] **汪氏同宗汇考**　汪莹纂修。民国抄本，一册。书名据书签题。

是谱仅为作者所知之汪氏名人汇编，无世系等内容，以安徽新安汪氏宗人为主，但也涉及浙江、江苏等地汪氏名人。

浙图

[安徽合肥] **浉南汪氏宗谱二十卷**　（清）汪咸涛、汪必盈等纂修。2003年敦本堂排印本，四十六册。书名据封面题。版心题汪氏宗谱。序题汪氏八修宗谱。

始祖华第七子爽之后寿二，明正德间由怀宁县北乡古埂坝迁合肥南乡，并以长子潦名命名居住地为汪潦。此谱每卷分为两部分，前为民国三年老谱，后为新修谱。

安徽图

[安徽怀远] **淮南洛河汪氏宗谱**　汪长墀纂修。2002年排印本，一册，平装。书名据封面、书背、书名页题。

谱奉春秋鲁成公次子为得姓一世祖。至第八十世国士（字无双），原籍徽州，明末来淮南刘家郢设帐。清初合家迁居怀远县洛河镇。载世系图、世传。

上图　安徽图

[安徽芜湖]　续修芜湖汪氏支谱四卷首一卷　汪体煌纂修。1928 年心谊祠铅印本，八册。书名据版心、书衣、目录题。

是谱为芜湖各支汪氏之统宗谱，始迁祖皆明代人，有梦林、德和、守恭、守约、守蒙、守愚、懋德、文杰、之琏、秉琦等。

安徽博　山西家谱

[安徽繁昌]　繁昌汪氏宗谱　（清）汪学源等纂修。清光绪二十五年（1899）木活字本，十八册。存卷一至十八。书名据书签题。版心题汪氏宗谱。

谱称是族为越国公华七子爽之后裔，世居歙县。越十一世，有名道安者唐末宦居婺源。道安十七世系孙萍，南宋时始迁繁昌。萍曾孙天相，生三子，于元末明初分为三族：长荣一居赵淋湖，次荣二居南洋湖，三荣三居平溪。是谱为该三派之合谱。卷一谱序、像赞、家规、凡例、排行、老系图等，余卷皆分房世系。

上图

[安徽繁昌]　繁阳汪氏宗谱四卷　章凤书纂修。1947 年刻本。

宣城档

[安徽南陵]　海井汪氏宗谱十四卷　汪廷干纂修。1918 年木活字本，十四册。存卷一至十一、十三、十四。书名据书签题。

始迁祖安中，宋代人。

泾县环城南路蓼花斋

[安徽南陵]　越国汪氏宗谱十卷　汪之进等纂修。1942 年木活字本，十六册。书名据书签题。版心题汪氏宗谱。四修本。

是族系出越国公汪华七房爽之后。其裔恺北宋时自婺源迁泾县双溪。其孙懋，南宋隆兴间始迁南陵东至中州。卷一家传、词图、宅图、序、凡例、诰敕、像赞，卷二至九世系，卷十仕宦、杂录、墓图、契约、跋。

上图　泾县环城南路蓼花斋

［安徽桐城］皖桐西乡汪氏宗谱不分卷　　（清）汪高适等纂修。清道光元年（1821）诒燕堂木活字本，十七册。书名据书名页题。版心题竹林汪氏家谱。书签题汪氏家谱。

始迁祖同寿，字仁山，明代人。

国图

［安徽桐城］桐城汪氏宗谱八卷末一卷　　（清）汪荣埙等纂修。清道光二十六年（1846）笃本堂木活字本，八册。书名据版心题。书衣题汪氏宗谱。三修本。

始迁祖寿一，明代人。

人民大学

［安徽桐城］枫林汪氏宗谱十五卷首一卷末一卷　　（清）汪焕斋主修。清光绪三十三年（1907）存著堂木活字本，二十册。书名据版心、书签题。

一世祖永定、永政。明洪武初，永定携洪、济、渊三子及诰、同二侄自徽州婺源县迁安庆府怀宁县承德坊，复迁桐城西石桥冲。明中叶，永政携仕员、显隆、海凝三子自休宁西门迁桐西枫树窖。卷首谱序、源流，卷二至十五系图、系纪，卷末传赞、谱跋、新旧契据。有吴汝纶所撰谱序。

上图　美国犹他

［安徽桐城］凤凰山汪氏宗谱二十二卷　　（清）汪明鉴主修。清同治十二年（1873）木活字本，二十二册。书名据目录、卷端题。书衣题皖桐汪氏宗谱。版心题汪氏宗谱。六修本。

始祖通一，明代人。始迁祖受二，字德茂，明代人。

人民大学

〔安徽桐城〕**高林汪氏宗谱十八卷末一卷**　　（清）汪端等纂修。清光绪八年（1882）余庆堂木活字本，二十四册。版心题汪氏宗谱。

日本东洋文库　美国犹他

〔安徽桐城〕**高林汪氏宗谱十八卷首一卷末二卷**　汪桓芳等纂修。1918 年余庆堂木活字本，三十四册。书名据书签题。版心题汪氏宗谱。

国图

〔安徽桐城〕**皖桐高岭汪氏四修宗谱十七卷首二卷末一卷**（清）汪钝侯主修。清光绪三十一年（1905）敦本堂木活字本，五册。存卷首、卷十三至十五。书名据目录题。版心、书签题高岭汪氏宗谱。

始迁祖觉富，元末自江西弋阳迁安徽桐城高岭。卷首家训、原始、墓图、像赞、诰敕、烈妇诗，卷十三至十五世系。

上图

〔安徽桐城〕**皖桐高岭汪氏四修宗谱十七卷首二卷末一卷**汪钝侯主修。1932 年敦本堂木活字本，十六册。存卷一至十二、十六、十七、卷末。书名据端题。版心题高岭汪氏宗谱。

先祖同上。卷一原姓、行状、诰敕、像赞，卷二至十七世系图表，卷末禁约、息讼约、传赞、山契、捐输、董事名目。

上图

〔安徽桐城〕**汪氏宗谱二十四卷**　纂修者不详。1918 年世茂堂木活字本，二十四册。书名据版心、书签题。六修本。

始迁祖寿五，谱称系越国公第七子爽之后裔，元季避兵乱于桐城大宥乡石马岭。卷一谱序、敕命、家礼、家规、家训、派行等，卷二至二十一祠图、像赞、世系，卷二十二至二十四文传。

上图　美国犹他

〔安徽桐城〕**桐西汪氏宗谱二卷**　汪之翰等纂修。2002 年排印本，二册。书名据封面题。书背题汪氏宗谱（张字嘴、封门塥）。五修本。

南宋时始迁祖琰公由新安婺源迁居鄱阳瓦砌坝，明洪武初年满住、觉渊又由瓦砌坝迁桐城西乡张字嘴和封门塥。

安徽图

［安徽怀宁］怀宁汪氏支谱三卷首一卷　（清）汪则宪等纂修。清道光九年（1829）敦伦堂刻本，十册。

始迁祖肇和，字永清，于元末迁来。

美国哥伦比亚大学　美国犹他

［安徽怀宁］怀宁汪氏三修宗谱　纂修者不详，清敦伦堂木活字本，七册。存卷一至七、九至十一、十五、二十四、卷末。书名据版心题。书签题汪氏宗谱。记事至清同治六年（1867）。

安庆市图书馆（以下简称安庆图）

［安徽怀宁］汪氏家谱十四卷　（清）汪观澜等纂修。清咸丰四年（1854）木活字本，十册。书名据版心题。书签题汪氏支谱。二修本。

始祖济之，字公堂，号少斋，宋代人。始迁祖国宪，号辅之，清代人。

南开大学图书馆（以下简称南开大学）

［安徽怀宁］汪氏宗谱十五卷末二卷　（清）汪庆永等纂修。清同治十年（1871）敬睦堂木活字本，十四册。书名据版心题。

始迁祖涓，字养源，号绥之，元代人。

国图

［安徽怀宁］平阳郡汪氏宗谱十六卷末一卷　（清）汪家珍纂修。清宣统二年（1910）木活字本，十九册。

安徽博

［安徽怀宁］插竹汪氏宗谱十五卷　汪先搢等纂修。1919年敦睦堂木活字本，十五册。书名据书衣题。

始迁祖积有，字盛宗，宋代人。

南京图

［安徽怀宁］汪氏宗谱二十六卷首一卷末一卷　汪嘉瑞等纂修。1925年务本堂木活字本，三十一册。书名据版心、书衣题。

始祖美玉，元时由婺源迁桐城，为本支一世祖。其后亮一，元至正十六年自桐城迁怀宁。

湖北图书馆（以下简称湖北图）　山西家谱　美国犹他

［安徽潜山］汪氏支谱五卷首一卷　（清）汪冠廷等纂修。清嘉庆九年（1804）宝庆堂木活字本，六册。

迁潜始祖龙一，字本初，宋代人。

日本东洋文库　美国犹他

［安徽潜山］古埂汪氏宗谱五十八卷　（清）汪莲田等纂修。清同治八年（1869）木活字本，三十一册。存卷一至九、十二至十五、十七至五十八。书名据版心、书签题。

始迁祖小一，一作宝五，宋末自安徽婺源县大乘畈迁居潜山县黄蘖黄金石社。卷一、二序、目录、纲领、凡例、像赞、谱例、家规等，卷三至五十七世系，卷五十八跋、修谱名目、养子传。

上图

［安徽潜山］古埂汪氏宗谱七十卷　（清）汪锐斋等纂修。清光绪三十一年（1905）木活字本，五十册。书名据版心、书衣题。四修本。

先祖同上。

黄山博

［安徽潜山］潜阳汪氏族谱　纂修者不详。清木活字本，二册。存卷六、十。书名据版心题。书衣题汪氏族谱。记事至清同治五年。

安庆图

[安徽潜山]**汪氏宗谱二十卷** 汪斗山纂修。1933 年同源堂木活字本，二十册。书名据书名衣、版心题。

始祖玉贞，字荆山，明洪武间居于休宁方塘旧宅，其子明政，字奇相，号以庄，由休宁迁潜山之水吼岭。卷一谱序、凡例、派文，卷二宸翰引、诰封、像赞、墓图，卷三家礼说、家训、分迁纪略等，卷四至十九世系，卷二十赞传、契卷、修谱名目、领谱字号、跋。

上图

[安徽潜山]**潜阳汪氏宗谱** 汪云峰等纂修。民国木活字本，三十五册。存卷三至十四、十六至十九、二十至二十六。书名据书衣题。版心题汪氏族谱。记事至 1919 年。

始迁祖祖三，元代由桐城迁安徽潜山。

安庆图

[安徽太湖]**皖湖汪氏宗谱十卷首一卷** （清）汪礼凤等纂修。清宣统二年（1910）敦伦堂木活字本，十册。书名据版心题。卷端题熙湖汪氏宗谱。书签题汪氏宗谱。四修本。

族出越国公华第七子爽后，自爽而下十一世曰道安，因宦由泾县移家婺源，道安孙中元再迁邑之大畈。中元又八传曰大文号福康者，南宋末自大畈渡江徙太湖，卜居邑北之蓝田，谱尊为太湖始迁祖。卷首新旧谱序、宗派、诰敕、墓图、凡例，卷一汪公受姓至璞公总序总传，卷二至十世系及祠图、艺文、契据、族规。

上图

[安徽太湖]**汪氏宗谱二十七卷** 汪兆鸿纂修。1930 年木活字本，二十八册。书名据书名签、版心题。

始迁祖孟夫，元代由江西婺源大阪迁安徽太湖。卷首谱序、凡例、名目、家规、家训、族规、传赞，卷二传赞、山图，卷三至二十七世系。

上图

［安徽太湖］汪氏宗谱七十四卷首三卷　　汪著民等纂修。1931 年龙溪堂木活字本，七十八册。书名据版心、书衣题。七修本。

始迁祖继生，元末携子子真、子才二人由江西婺源迁太湖县西关马路口。卷首上谱序、家规、家训、新老派字，卷首中像赞、历代诰封、褒扬、源流考略，传、谱表、庙田记、墓图等，卷首下迁徙表、老世系，卷一至七十四世系。卷首有徐世昌、段祺瑞谱序各一篇。

上图

［安徽太湖］汪氏宗谱五卷首二卷　　王传翘等纂修。1942 年木活字本，七册。书名据书衣、版心题。

始祖芝，字彦灵，别号溪叟，其四世孙炖、炳、炜、熿，由鄱阳迁太湖之河西。卷首上谱序、凡例、家训、家规、分关、派行、传赞、收谱字号、跋，卷首下源流表，卷一至五派系图。

上图

［安徽宿松］宿松汪氏宗谱二十九卷首一卷　　汪庭修纂修。1929 年越国堂木活字本，三十一册。书名据序题。版心题汪氏宗谱。七修本。

始迁祖福禄，字景五，明代人。

安徽图

［安徽黄山］仙源岑村汪氏族谱十卷　　（清）汪立铭等纂修。清光绪二十二年（1896）木活字本，十册。书名据书签、书名页题。版心题岑村汪氏族谱。

始迁祖寄源，北宋时其祖父庚坤自旌德新建迁太平县辅村，寄源复自辅村迁岑村。卷一新旧谱序、姓氏论，卷二至四凡例、墓记、实录、寿文、行略，卷五至九世系，卷十图记、耆寿门、选举门。

国图 历史所 河北大学 上图 山西家谱

[安徽歙县] 新安汪氏族谱不分卷 （元）汪云龙纂修。元代至元三年（1337）刻本，一册。书名据谱序题。前后有抄配。

始迁祖惟德，唐代人。

河北大学 山西家谱 美国犹他

[安徽歙县] 新安汪氏庆源宗谱不分卷 （元）汪垚纂修。元抄本，一册。书名据谱序题。

国图

[安徽歙县] 岩镇汪氏重辑本宗谱四卷序一卷附录一卷 （明）汪渊纂修。明弘治十三年（1500）刻本，一册。书名据卷端题。版心题岩镇汪氏宗谱。谱序题新安岩镇汪氏重辑谱。

始迁祖千四，字师龙，元代人。

首都图书馆（以下简称首都图）

[安徽歙县] 岩镇汪氏家谱不分卷 （明）汪道昆纂修。明万历二十七年（1599）刻本，二册。书名据版心题。书签题汪氏家谱。

始迁祖时扬，字周举，宋代人。

国图 河北大学 吉林大学 南京图 山西家谱 美国犹他

[安徽歙县] 岩镇汪氏谱系不分卷 纂修者不详。明抄本，一册。书名据版心题。记事至明嘉靖间。前后残破。

国图

[安徽歙县] 新安古歙汪氏渊传系支派谱图稿一卷 （明）汪万钟纂修。清咸丰十一年（1861）汪世棨抄本，一册。书名据卷端题。

始迁祖时扬，字周举，宋代人。

科图

[安徽歙县] 汪氏世纪四卷 （明）汪镆纂修。明嘉靖三十年（1551）刻本。汪氏谱稿一卷谱稿附录一卷 （清）汪家椿纂

修。清道光四年（1824）刻本。合订一册。书名据卷端题。

世纪奉唐模始祖思立之十世孙瀚为本派祖，衰集瀚下近属八家之世系。瀚为得姓起第六十四世。镂属歙西沙溪支，为得姓祖起第七十八世。谱稿编修者家椿为九十一世，属堨田支，谱稿仅录本支直系至八十三世。

国图　上图　浙图　美国国会图　美国犹他

［安徽歙县］富溪大本堂汪氏世系承流统谱不分卷 （清）汪德钺纂修。清道光二十八年（1848）稿本，一册。

富溪大本堂以三十一世汉龙骧将军文和为新安始祖，系汪华第三子达后裔。五十世源唐开元间迁绩溪尚田，五十五世遇唐光启二年由尚田迁歙县富溪，为富溪始迁祖。载序、汪氏世系溯源图、汪氏世系承流统谱、渊源图、像图、墓图、像赞、神宫寝庙联匾，迁绩溪尚田始祖汪原传略，富溪八景诗和遇公始祖富溪述略等。

黄山博

［安徽歙县］歙西堨田汪氏家谱四卷首一卷 （清）汪邦忠等纂修。清光绪七年（1881）刻本，一册。书名据版心、书签、卷端题。重修本。

始迁祖凝绩，字巨功，唐代人。

北大　历史所　安徽图　山西家谱　美国犹他

［安徽歙县］汪氏族谱二卷 （明）汪仪凤纂修。明抄本，一册。书名据版心、目录、卷端题。记事至明洪武三十一年。

唐模始祖思立之后。

国图

［安徽歙县］汪氏迁派实录提纲七卷 （明）汪国言纂修。明万历元年（1573）刻本，二册。书名据版心、卷端题。

安徽图

［安徽歙县］潜口西山汪氏流芳世谱十卷 （明）汪文斌纂

修。明西麓堂抄本，一册。书名据卷、目录、谱序题。记事至明嘉靖间。

始迁祖时俊，字逸甫，号逸斋，北宋由唐模迁潜川，为潜川始祖。

国图

[安徽歙县]潜川汪氏敬思流芳集一卷后集一卷　　（明）汪永龄纂修。明抄本，存二册。书名据卷端题。版心题潜川汪氏流芳集。谱修于明嘉靖九年。

先祖同上。

国图

[安徽歙县]潜川汪氏本支世谱不分卷　　纂修者不详。清康熙二十年（1681）西麓堂抄本，一册。书名据序题。版心题汪氏宗谱。

先祖同上。

北师大

[安徽歙县]潜山川[汪氏]惇本祠溯源家谱八卷　　（清）汪士鋐纂修。清康熙三十三年（1694）刻本，二册。书名据版心、卷端题。

先祖同上。卷五墓图，卷六享祀记，卷七税产，卷八田土疆界及税额，卷九新立户名，余卷世系。是谱保存田赋资料甚丰。

北师大　上图

[安徽歙县]江南新安歙县潜川汪氏家乘二卷　　（清）汪道让纂修。清光绪二十五年（1899）稿本，二册。书名据卷端题。书衣题汪氏宗谱。

先祖同上。载世系。

黄山博

[安徽歙县]汪氏家乘一卷　　（清）汪定辅纂修。清稿本，一册。书名据书签题。书名页题汪氏宗谱。记事至清光绪末年。

先祖同上。

科图

［安徽歙县］西沙溪汪氏谱不分卷　纂修者不详。明万历二十二年（1594）刻本，四册。书名据版心题。

始迁祖人鉴，字月卿。元代自唐模古城关迁西沙溪。其后裔又迁九江、萧山、德兴等地。谱载世系、小传。

历史所　上图

［安徽歙县］西沙溪汪氏谱不分卷　（清）汪存纂修。清康熙间刻本，一册。书名据版心题。记事至清康熙四年。

先祖同上。谱载序跋、系图、小传。

上图　山西家谱　美国犹他

［安徽歙县］新安歙邑西沙溪汪氏族谱十四卷　（清）汪志琦等纂修。清康熙四十八年（1709）刻清道光二十九年（1849）麟书堂重印本，十五册。书名据书签题。卷端题新安西沙溪汪氏族谱。书名页、版心题西溪汪氏家谱。二修本。

先祖同上。卷一谱序、汪芒辨、平阳辨、越国世系等，卷二至十一世系、小信，卷十二祠、书院、桥梁建置簿序，卷十三至十四诗文。

南京图　黄山博

［安徽歙县］唐模上汪汪氏流芳集十卷　（明）汪椿主修。明嘉靖三十八年（1559）抄本，一册。书名据卷端题。

始祖思立，越国公华子建之后裔，唐元和间自旌德新建迁歙西唐模。始迁祖德暹，五代后唐时分居上汪。卷一纪源、地望、丘墓，卷二至九世系，卷十谱表、斋记、传记。

上图

［安徽歙县］汪氏十六族谱十卷　（明）汪道昆纂修。明万历二十年（1592）刻本，二册。书名据版式心、卷端题。卷端又题汪氏十六族近属家谱。

始迁祖思立，唐元和间自旌德新建迁歙西唐模，历六世至德昌始陆续分迁稠墅、大里、潜川、信行、西山、凤凰、童祈、西沙溪等地，后别为十六支。卷一本纪，卷二至三世家，卷四至六世表，卷七世系小传，卷八列传，卷九丘墓，卷十典籍。以道昆为有明著名文人和官吏，故是谱多存知名人士之作，记事载断也较详赡得体。汪叔詹、汪若海等即出此族。

国图　北大　历史所　上图　山西家谱

［安徽歙县］汪氏十六族谱十卷　（明）汪道昆等纂修。明万历二十七年（1599）刻本，存四册。书名据版心题。书签题岩镇汪氏家谱。

先祖同上。载家略、世家、世表、世系小传、列传、丘墓、典籍。

浙图

［安徽歙县］汪氏十六族谱十卷　（明）汪道昆纂修，（明）汪存重修。明万历二十年（1592）刻明万历四十年（1612）重修本，四册。书名据版心、目录题。卷端题汪氏十六族近属家谱。

国图

［安徽歙县］汪氏族原二卷首一卷　（明）汪士贤纂修。清抄本，一册。书名据卷端题。

先祖同上。卷首十六族迁所，余卷各族始祖及居地、宦迹、文翰等。

上图

［安徽歙县］汪氏家谱不分卷　（清）汪源清纂修。清顺治四年（1647）刻本，一册。

始迁祖思立，唐元和间自旌德新建迁歙县西唐模，历七世至延芳，其后衍为六大派，分居小界山、梅口、凤凰、桐山及太安仁坊等地。是谱即记此六大派世系。谱依次载山图、谱叙、世系考、世系、敕命、跋。

上图

［安徽歙县］汪氏族谱不分卷 纂修者不详。清抄本，一册。书名据书签题。

始迁祖思立，字学礼，其曾祖父质，避黄巢之乱，唐中和元年徙居安徽旌德新建，思立复迁歙县唐模。谱载世系图表。

上图

［安徽歙县］新安汪氏宗祠通谱四卷首一卷末一卷 （清）汪鸣相等纂修。清道光二十年（1840）吴清山祠木活字本，四册。书名据卷端、版心、书名页题。

卷首序文、凡例，卷一像赞、图铭、谱表、诰敕，卷二统宗支系图，卷三至四先贤神像、碑文、祠产、祭规，卷末后序。

科图 河北大学 上图 山西家谱

［安徽歙县］烟溪汪氏支谱四卷 （清）汪敬璐纂修。清光绪十六年（1890）稿本，四册。

始迁祖英，官至中兵马指挥，明永乐间迁至歙之烟村。此为烟村汪氏新安始祖。卷首谱序，卷一至前代文献、旧序、历代名流像赞、祠图、墓图，卷三至四世系图、历代小传、汪氏渊源、分支状况，卷末跋。

黄山博

［安徽歙县］汪氏分迁大里支谱六卷 纂修者不详。清康熙末抄本，六册。书名据封面题。记事至清康熙五十六年。抄录底本为清康熙末年所修。

始迁祖大作，字元叟，宋代迁居歙县大里。分敦睦堂、惟善堂、世德堂、丛桂堂四支。载行传、丘墓志、人物志、典籍志。

浙图

［安徽歙县］歙西汪氏重辑支谱四卷首一卷 汪宗海纂修1919 年抄本，六册。

本谱主要载唐模分迁稠墅、大里二支，兼及丛桂支。六十一

世仁忻于宋乾德间自唐模迁居郡西北半舍许之稠墅，至六十九世
浤、潇又自稠墅析居一里外之大里，潇六世孙唆都又析为丛桂堂
支。卷首新序、凡例、历代迁居地理今释、历届修谱年代、谱名
及撰序人名表，卷一旧谱序跋、南北分支各派、十六族次序支派
居址，卷二古世系图、传，卷三歙西各支世系图传，卷四丘墓、
人物志、典籍志。

上图　南京图　中山大学图书馆（以下简称中山大学）

[安徽歙县] 歙南梅口 [汪氏] 续修统宗正脉谱不分卷　纂
修者不详。清抄本，一册。书名据谱序题。书名页题汪氏宗谱。
书名题梅溪汪氏统宗谱。记事至清乾隆三十二年。

始迁祖德载、德升。

安徽图

[安徽歙县] 吴山潭石汪氏族谱不分卷　（清）汪章礼纂修。
清乾隆三十三年（1768）抄本，存一册。书名据版心题。二
修本。

汪氏六十九世系孙渐，唐末自歙县唐模迁邑之吴山。传至七
十三世玉呈，复自吴山徙潭石。故谱尊渐为吴山始迁祖，玉呈为
潭石迁祖。载序、赞、世系等。

上图

[安徽歙县] 歙西仙源汪氏族谱不分卷　（清）汪永藻纂修。
清乾隆三十八年（1773）四维堂抄本，存二册。书名据版心、书
名页题。

始迁祖润德，南宋末自唐模迁仙源。后裔分迁六安霍山、江
西余干、都昌、湖口、赣州等地。谱存序、谱系徭历、谱系正
伪、居徙考、祠规、祭文、原姓、史记、诰敕、舆图、像赞等。

上图

[安徽歙县] 汪氏宗谱　纂修者不详。清惇义堂木活字本，
一册。存卷一、二、四（一至五页），另有一至二十九页未标卷

次。书名据版心题。记事至清乾隆间。版心题癸亥重修。

卷一像赞，卷二外系图，未标卷次页载诰敕、墓志铭，卷四庙记、行状。

上图

［安徽歙县］ 汪氏宗谱不分卷　汪氏合族纂修。清抄本，一册。书名据书签题。谱序题歙南吴憨汪氏族谱。记事至清嘉庆十六年。

始迁祖焱，又名焞，宋代人。

北大

［安徽歙县］ 歙城汪氏家乘不分卷　（清）汪徽和纂修。清道光二十二年（1842）刻本，二册。书名据版心、书名页、目录题。

始迁祖渐，号担来，五代人。

河北大学　美国犹他

［安徽歙县］ 家谱约编二卷　（清）汪蓥纂修。清光绪十五年（1899）抄本，一册。书名据卷端题。

中国社会科学院文学研究所图书馆（以下简称文学所）

［安徽歙县］ 汪氏支谱二卷　纂修者不详。清光绪间耕荫庄木活字本，一册。书名据版心题。

谱载有诰命、诰敕。

吉林大学

［安徽歙县］ 越国汪氏遗谱不分卷　汪氏合族纂修。清抄本，一册。书名据谱前题字。

北大

［安徽歙县］ 汪氏槐塘支谱抄一卷　纂修者不详。清汪国麟抄本，一册。书名据卷端题，五十余页作一卷。记事至清光绪元年。

始迁祖祐和，元代人。

南京图

［安徽歙县］长源汪氏续修世系不分卷　　（清）汪鸿标等纂修。清宣统元年（1909）世泽堂木活字本，一册。书名据序题。书签、版心题城西汪氏宗谱。二修本。

始迁祖光宗，由邑城崇化坊迁二十五都长源。其孙时来、时祥分为两支。是谱即续时来一支世系。谱全为世系。

上图

［安徽歙县］汪氏义门支谱十卷　汪廷尚等主修。1918 年石印本，十册。书名据版心、书签、目录、卷端题。

是为渐八世孙念六自旌德新建迁歙南华川支谱。念六传至十五世，诸孙分居各处；长得徙居白洋，应得徙居逢川（二世而止）。杭得徙居场川，胜得、福师、祯祥俱世居华川。卷一目录、凡例、像图、墓图、谱义、原姓、谱表、敕命、碑记、旧序等，卷二古世系、传状，卷三至九各派世系，卷十祠墓图、排行、祭产、跋等。

河北大学　　上图　　山西家谱

［安徽歙县］汪氏宗谱六卷　汪鹤年等纂修。1924 年永恩堂木活字本，六册。书名据版心、书签题。

是谱为越国公世华子爽分支世系。爽居绩溪登源间川，历四世，裔孙凤思迁歙县，景瑞迁黟县。凤思后裔复分迁浮梁、鄱阳、婺源、开化。卷一像赞、山川图考、墓图、古世系、原姓、谱论、诰敕、记传，卷二至六序、分支世系、墓志、行状。

上图　　美国犹他

［安徽歙县］歙县龙溪汪氏统宗谱二十四卷首一卷　　（清）汪宏布等纂修。清乾隆二十年（1775）惇本祠刻本，四册。书名据版心题。歙东龙溪汪氏宗谱。卷端题龙溪坦川重修统宗全谱。

始迁祖宋代人元会，一名忠，字公直；逢春，一名阁，字南轩。

绩溪档

[安徽歙县] 歙县南源口汪氏宗谱不分卷　汪效骧纂修。1941年惇叙堂抄本，一册。

始迁祖延忠，约于元明之际由歙县五都坦头迁南源口。谱载谱序、世系。

上图

[安徽休宁] 汪氏族谱十卷　（明）汪道谨纂修。明成化十六年（1480）刻本，一册。存卷一至七。书名据目录题。

是谱纂者休宁人，唐越国公华第四子广兖山派裔孙，故内纪自广始，广十四传至知游，值五代扰攘，自歙县黄墩徙居休宁安乐乡。知游十一世孙七十、七一，以元末兵乱，其玄孙相隐、金寿，分别迁于邑南和兖山前。卷一姓辩、谱记、谱序，卷二至六内纪，备录渡江以后、越国公以后、安乐乡宗谱、兖山支谱图、传，卷七上外纪，略纪旁族他派之大概，卷七下八景诗、祠记、越国公遗像、墓图。

上图

[安徽休宁] 休宁城北汪氏族谱二卷　（明）汪让纂修。明成化二十三年（1487）刻本，二册。书名据目录题。卷端题城北汪氏族谱。

始迁祖德彰，行伯五，宋代人。

国图

[安徽休宁] 汪氏族谱十卷　（明）汪志、汪道纂修。明弘治二年（1489）刻本，二册。书名据版心、目录、卷端题。

谱载休宁邑南、兖山等支。始迁祖知游，五代人。

国图　科图　上图

[安徽休宁] 休宁西门汪氏本宗谱十一卷附录一卷　（明）汪尚和纂修。明嘉靖六年（1527）刻本，二册。书名据书名页题。版心题西门汪氏族谱。卷端题休宁西门汪氏族谱。二修本。

始迁祖接，北宋初自婺源回岭迁休宁西门。后裔又分迁陕西、广东、云南、山东、福建等地，有西门汪氏迁居图载之甚详。卷一至四序文、姓氏论、原姓、谱论、始祖图系，卷四至十西门世系，卷十一诰敕、榜文、传记，附录墓图、清明墓祭规约。

国图　科图　安徽图　上图　日本国立国会图书馆（以下简称日本国会图）

［安徽休宁］休宁西门汪氏族谱十一卷附录一卷　（明）汪尚和纂修。清抄本，一册。书名据卷端题。

北师大

［安徽休宁］休宁西门汪氏宗谱十四卷　（清）高澍等纂修。清顺治九年（1652）刻本，六册。书名据卷端题。版心题西门汪氏宗谱。目录题重修西门汪氏宗谱。

先祖同上。

国图　安徽图　安徽博　历史所

［安徽休宁］休宁西门汪氏宗谱　纂修者不详。清刻本，二册。存卷一至十四。

先祖同上。

休宁县博物馆（以下简称休宁博）

［安徽休宁］休宁西门汪氏大公房挥佥公支谱十卷　（清）汪立正纂修。清乾隆四年（17390）百城书屋刻本，四册。书名据卷端题。版心题西门汪氏大公房挥佥公支谱。

汪氏六十一世接，北宋初自婺源回岭迁休宁西门。接六传，九孙，启七房，大房祖文彬。文彬十二世孙松峰，仕明，官南昌指挥佥事。松峰四子：应元、应亨、应利、应贞。是谱记文彬下松峰支四房世系。卷一至二序文、像赞，卷三至八各支世系，卷九碑铭、墓记，卷十修谱名氏。有王世贞、许国所撰墓志、行状。

北大　历史所　上图　南京图　美国哥伦比亚大学

[安徽休宁] 西门汪氏九承奉长房支谱不分卷　（清）汪穟年纂修。清抄本，一册。书名据书衣题。四修本。记事至清乾隆间。

始迁祖接，宋初自婺源回岭迁休宁西门。五传至汉，生九子；第九子体仁，官承奉郎，是谱专记其长房汝鉴一支，故谱名云云。谱载凡例、谱序、承奉公家训、迁居图、世系。

上图

[安徽休宁] 汪氏世谱　纂修者不详。清抄本，二册。存卷一至三。书名据版心题。记事至清嘉庆间。

参见明汪尚和修《休宁西门汪氏族谱》条。卷一世录，卷二传记，卷三祠墓考。

上图

[安徽休宁] 休宁东门汪氏家乘十卷　（明）汪七宝纂修。明嘉靖二十年（1541）刻本，一册。书名据卷端及书衣题。版心题东门汪氏族谱。

始迁祖坦，宋代人。

国图　北大　安徽图

[安徽休宁] 休宁藏溪汪氏世谱十卷总目一卷　纂修者不详。明嘉靖间刻本，一册。书名据目录、卷端、谱序题。版心题藏溪汪氏世谱。

始迁祖言，字守谅，唐代自歙之黄墩汪村迁休之藏溪。

国图　安徽博

[安徽休宁] 方塘汪氏思本录不分卷　纂修者不详。明抄本，一册。书名据谱序题。

参见下条。

国图

[安徽休宁] 方塘汪氏宗谱不分卷　（清）汪一僎纂修。清

康熙七年（1668）稿本，一册。书名据卷端题。四修本。

宋初，思清由绩溪登源迁休宁西乡，其第三子远宁北游西源，宛如梦中所见，遂居之，名四方塘。谱奉思清为方塘一世祖。载汪氏源流、传、墓志铭等。

黄山博

[安徽休宁] 渠滨汪氏谱不分卷　纂修者不详。清抄本，一册。书名据谱序题。

远宁字达源，五代时迁休宁，其后逼，字季述，号履斋，北宋时自休宁方塘迁渠滨。是谱实为汪氏迁渠滨后裔，包括南溪、上门、下门、行房、忠房各支合谱。但也载有方塘后裔世系。

浙图

[安徽休宁] 渠口汪氏支谱不分卷　纂修者不详。民国抄本，一册。书名据书签题。

先祖同上。

浙图

[安徽休宁] 梅林汪氏族谱不分卷　（明）汪应泰纂修。据明天启六年（1626）本抄，一册。书名据谱序及卷端题。

始祖思立，唐代人。始迁祖承简，字敬夫，宋代人。

安徽图

[安徽休宁] 隐川锦堂汪氏家乘　（清）吴霞纂修。清顺治十四年（1657）抄本，一册。存卷首、卷一。书名据版心题。

始祖令祐，宋代人。始迁祖成一，字文焕，号曰来，宋代人。

南开大学

[安徽休宁] 汪氏宗谱一卷　纂修者不详。清抄本，一册。书名据内容题。记事至清康熙间。

始迁祖接，宋代人。

科图

［安徽休宁］**新安休阳城南长川汪氏家谱不分卷** （清）汪时亨纂修。清康熙四十年（1701）抄本，一册。书名据卷端、书名页题。

始迁祖荣，宋代人。

北师大

［安徽休宁］**上资汪氏家乘十卷** （清）汪居鲲纂修。清乾隆十年（1745）木活字本，一册。存卷一至七。书名据版心、卷端题。

始迁祖有两说，该谱以南宋人宗礼当之，自休宁旌城迁邑西三十里处之上资。卷一凡例、原姓、序文等，卷二至四谱表、传记、墓志等，卷五至七世系。

上图

［安徽休宁］**梯山汪氏族谱十五卷** （清）汪国蔚纂修。清乾隆十二年（1747）稿本，四册。书名据版心题。

始迁祖汝功，宋咸淳四年由唐模迁休之古城山。二世祖仲进、仲达，元代复迁高梯山。高梯山即梯山，距古城山二里地。

美国哈佛大学哈佛燕京图书馆（以下简称美国哈佛大学）
美国犹他

［安徽休宁］**约山支谱不分卷** （清）汪士兆纂修。清乾隆三十二年（1767）汪士兆抄本，一册。书名据书衣题。

始迁祖庆甫，元至正间自休宁罗墩迁约山。卷载谱序、迁派考、传记、世系。

上图

［安徽休宁］**滁村汪氏族谱一卷** 纂修者不详。清抄本，一册。书名据谱序题。记事至清乾隆间。

始迁祖达二，字符通，宋代人。

安徽博 历史所 美国犹他

［安徽休宁］**双溪汪氏族谱不分卷** 纂修者不详。抄本。一

册。记事至清道光元年。

安徽博

[安徽休宁] 休西双溪汪氏家谱不分卷　纂修者不详。清汪大沼抄本，四册。书名据卷端题。版心题双溪汪氏。记事至清道光十年。

始祖守松，唐代人。始迁祖起祖，字志高，唐代人。

安徽图

[安徽休宁] 休宁西岸汪氏族谱不分卷　纂修者不详。清抄本，一册。书名据谱序题。记事至清同治间。

汪氏五十八世中元，始迁婺源大阪。中元一子四孙，孙曰韶、敬逢、石、京。韶、京兄弟俱事临川王，王以无罪见忌，兄弟惧祸，奔吴越王钱氏，一居常山，一居开化。敬逢仍居大阪。石二子，长鳞，迁休宁西岸。谱存世系、祠记、遗嘱、祀产、祠规、祭文、墓记、传记等。

上图

[安徽休宁] 汪氏谱略不分卷　汪原渠纂修。1913 年越荫堂铅印本，一册。书名据书签题。谱初修于清代道光九年，此为三修本。

始迁玑，姓吴，宋初迁居安徽休宁县西乡资村。始迁祖元一，字善长，本姓吴，宋末自资村赘居本邑西山四都登源里汪村汪氏，改姓汪。载世系源流、本支总括纂要、世次宗谱、传、分迁地域表、墓志、世系表、行述、排行字、谱序、统宗正脉谱撮要。

临海市博物馆

[安徽休宁] 汪氏谱略不分卷　汪原渠纂修。1931 年越荫堂铅印本，一册，平装。书名据书签、目录题。四修本。

上谱之续修谱。载世系源流、本支总括纂要、世次宗谱、传、分迁地域表、谱序、统宗正脉谱撮要。

故宫博　嘉兴图

[安徽黟县] 沙田宗派族谱一卷 　（清）汪尚辉纂修。清康熙三十一年（1692）稿本，一册。书名据书名页题。

汪氏六十四世承裕、承初，北宋初始自歙县北唐谟迁黟县黄陂。七十五世升老，自黄陂再迁沙田，为沙田始迁祖。卷载原姓、汪字说、黄陂汪氏历代人物显宦、古世系、黄陂沙田世系、行状、后序等。南宋大臣汪勃等即出此族。

上图

[安徽黟县] 弘村汪氏家谱二十六卷首一卷 　（清）汪纯粹纂修。清乾隆十三年（1748）刻本，十六册。书名据卷端题。版心题汪氏家谱。目录止二十五卷。

始祖仁雅字僻先，由歙县唐模寓金陵经营木材，北宋大中祥符中遭祝融之难，挈眷归里，路过黟北，见杉木森茂，欲复业老行，因卜居祁墅。历六世而建炎变作，土匪溃兵乘乱猖獗，祁墅三百人家人爇而烬，裔孙彦济者由是再迁弘村，为弘村始迁之祖。卷首新旧谱序、目录、像赞，卷一世家，卷二至四世传，卷五至十八世系，卷十九至二十一丘墓，卷二十二至二十五事实，末卷节孝。是谱搜集丰富，尤其丘墓及事实卷保存大量经济和人文资料，其记载古村落消防水系资料颇具史料价值。

上图

[安徽黟县] 汪氏八修小宗谱 　纂修者不详。1924 年据清光绪十六年（1890）纂修本抄，一册。存卷道上。书名据书签、书名页题。

是谱实为黟县弘村汪氏宗谱。始迁祖宗珉，字彦济，一字公楫，南宋绍兴元年自黟县祁墅村迁居本邑宏村雷岗。载旧序、附录、像赞、世传。

浙图

[安徽祁门] 赤山汪氏宗谱不分卷 　纂修者不详。明刻本，

一册。书名据给谱牌记题。越国汪公神簿。记事至明嘉靖间。

国图

[安徽祁门] 韩楚二溪 **[汪氏]** 家乘四卷　（清）汪起濂等纂修。清嘉庆二年（1797）刻本，二册。书名据版心、目录题。序题韩楚二溪合修家谱。

始祖绍，唐末五代人，自歙之篁墩祁门石山。三传至济，济子二，长钊。宋初自祁门石山迁韩溪，次鸦，迁楚溪。是谱即此两支合修。

河北大学　上图　山西家谱　美国犹他

[安徽祁门] 韩楚二溪 **[汪氏]** 家乘十卷首一卷　（清）汪衍桯等主修，（清）汪发宰纂修。清宣统二年（1910）木活字本，十册。书名据版心、书衣题。

先祖同上。是谱即此两支合修。卷首谱序、原姓，卷一辩伪、本支考，卷二圣谕、宗训、墓考、契约、仕学亢宗、行伦迈种，卷三至五世系，卷六至八图考、奏章、行状、墓志、寿序、传记，卷九至十载记、赞、诗文。

国图　人民大学　上图

[安徽祁门] 南源汪氏支谱八卷首一卷　纂修者不详。清道光二十九年（1849）南源敬敷堂刻本，四册。书名据版心、目录、谱序题。

始迁祖惟风，字叔厚，北宋天圣间设教祁门仙桂乡南源，遂定居于此。

河北大学　山西家谱　美国犹他

[安徽祁门] 南源汪氏支谱十卷　汪恒等纂修。1933年木活字本，六册。书名据版心、书签、书名页、目录、卷端题。

先祖同上。卷一序、像赞、墓图等，卷二谱论、传、碑铭、墓记等，卷三诰敕、祭文、源流等，卷四至十世系、寿序、诗等。

上图

［安徽祁门］平阳汪氏宗谱八卷　（清）汪大樽等纂修。清同治七年（1868）木活字本，八册。书名据版心题。书名页题平阳家乘。

自算祖而五十九世曰文山，北宋天圣中徙祁门卢溪源。文山孙忠，生五子：彦迈、彦迅、彦适、彦迁、彦达。彦迈子季清，仍居卢溪源；彦迅子孟清、仲清，同迁邑之二十一都桃源黄村墩。是谱即记此三支世系。此谱名冠以平阳二字者，因其十五世祖钊曾封平阳侯之故也。首卷谱表、行状、封诰、辩说、基图，卷二墓图、源流世系，卷三至八支派世系。

国图　北大　上图　美国犹他

［安徽祁门］平阳汪氏宗谱八卷　（清）汪启初等纂修。清光绪二十九年（1903）敦伦堂木活字本，八册。书名据版心题。

先祖同上

国图　黄山博

［安徽祁门］环溪汪氏宗谱四卷　（清）汪昌礼主修。（清）汪时铺纂修。清光绪十三年（1887）木活字本，四册。书名据版心、目录题。

谱称是族出于唐越国公华第七子爽之后。爽四传至景瑞，唐时迁居祁门井亭；景瑞十传至盛，迁邑之香市；盛二十传至丑一，转迁邑之双溪；丑一八世孙新龙，明季始迁邑之环溪，是为始迁祖。卷一谱序、目录、凡例、谱表、行状、传、像赞、历代祖墓图、祠堂记等，卷二至四世系、环溪墓图、派行、跋等。

上图

［安徽祁门］汪氏宗谱不分卷　纂修者不详。清抄本，存一册。书名据卷端题。谱序题石潭汪氏族谱。记事至清光绪间。

始迁祖炳，约于南宋时，自江西浮桃墅迁徽州祁门石潭。谱载序、像赞、墓图、世系、堂记等。

上图

[安徽霍山] 汪氏族谱二卷　（清）汪全诰等纂修。清抄本，二册。书名据内容题。记事至清道光间。

始祖三季，元代始迁潜山，至明其仲子字子才始迁霍山。

国图

[安徽贵池] 汪氏宗谱三十二卷　汪道藩主编。1948年木活字本，七册。书名据版心、书签题。

始迁祖文二，宋代人。

美国犹他

[安徽贵池] 汪氏宗谱　汪嵩乔、汪靖中主编。2000年排印本，一册。书名据封面题。谱初修于清嘉庆三年，此为五修本。

汪氏第六十六世宗武，明初自婺源大阪迁贵池李阳河，为本支始迁祖。上编为概述、艺文、传赞、墨宝，一至八十六代世系，下编为八十七代至九十三代世系。

上图

[安徽东至] 汪氏宗谱　（清）汪燮元等纂修。清雍正七年（1729）孝思堂刻本，一册。存卷一至三。书名据版心、谱序题。

始祖雄，宋代人。始迁祖君雅、伯蔼，宋代人，族人有居江西万年者。

黄山市屯溪宇隆商贸城吴敏

[安徽东至] 平阳汪氏宗谱二卷首一卷　（清）汪明泉等纂修。清同治十一年（1872）棣庆堂木活字本，四册。书名据版心、书签题。

始迁祖添六，字守仕，明代人。

黄山市屯溪宇隆商贸城吴敏

[安徽宁国] 汪氏宗谱不分卷　（清）汪国桢纂修。清雍正八年（1730）刻本，二册。书名据版心题。

始迁祖以恭，以不当后母意，明初自浙江余姚迁宁国。谱载序、原姓、谱论、迁派目录、世图、传赞、宅图、墓图、世系、谱跋、领谱字号等。

上图

[安徽宁国] **汪氏宗谱八卷**　（清）汪仲彩等纂修。清乾隆四十六年（1781）刻本，二册。书名据版心、目录题。卷端题汪氏重修宗谱。三修本。

始迁祖连祖，明代自宁国阮村迁城南廿二都古树岭。卷一序文，卷二至四诰敕、像赞、墓图、家规、凡例，卷五至七世系，卷八领谱字号、跋。

上图

[安徽泾县] **泾县汪氏宗谱六卷**　（清）汪源主修。清宣统元年（1909）中保派木活字本，六册。书名据书签题。版心题泾北汪氏宗谱。

始迁祖回宗，明隆庆间自新安歙北慈川徙宁国府泾县北乡青东都二图九甲之凉潭，又转迁溪丁都二图九甲之中保里。卷一至三谱序、诰敕、世乘录、家规、源流引，卷四至五世系，卷六祠堂图、墓图、阴阳基图、杂记。

河北大学　上图　美国犹他

[安徽泾县] **汪氏西园家谱不分卷**　纂修者不详。汪风咏据清光绪十九年（1893）木活字本抄，一册。书名据书签题。

始迁祖衍庆，元代人。

安徽泾县电视台汪茂松

[安徽旌德] **梅溪汪氏宗谱十二卷**　（明）汪应泰纂修。清抄本，四册。书名据版心、卷端题。

国图

[安徽旌德] **新建汪氏谱系图四卷**　（明）汪彦龄等纂修。明成化十年（1474）刻本，存一册。书名据卷端题。

国图

[安徽旌德] 汪氏续修宗谱八卷 （清）汪钟斗等纂修。清康熙三十六年（1697）木活字本，十二册。书名据版心题。

族出越国公华第八子俊后，俊七传曰广，避五季乱，携子渐由歙县黄墩迁旌德新建，谱尊渐为迁新建始祖。渐四孙，曰令蔡、令昭、令规、令郢，分居下、东、西、陈四庄，以启四派。十世同居，田近万亩，食口千三百余人，宋真宗旌以"义门"二字。汪齐、汪澥、汪汾、汪克宽等名儒显宦皆出其族。此谱保存宋元文化、学术、经济、教育及人物传记资料颇丰。

河北大学　上图　山西家谱　美国犹他

[安徽旌德] 汪氏义门世谱二十四卷首一卷 （清）汪锦云等主修，（清）汪步云等纂修。清乾隆三十六年（1771）木活字本，十五册。书名据版心、书名页题。

先祖同上。卷首宗支纪录、谱例，卷一至三为谱序、先祖列传、年谱，卷四至二十三世系图谱，卷二十四像赞、墓图、集录。

上图　黄山博

[安徽旌德] 义门汪氏校正世谱十二卷首一卷末一卷 （清）汪祖扬等纂修。清乾隆四十八年（1783）孙邨雍睦堂木活字本，十二册。书名据版心、书签题。

先祖同上。

绩溪档　上图　南京图　黄山图　黄山博　美国犹他

[安徽旌德] 汪氏宗谱 （清）汪廖池等纂修。清道光十一年（1831）木活字本，一册。存卷首、卷一。书名据版心题。

始迁祖渐，宋代人。

安徽图

[安徽旌德] 旌德板桥汪三辉堂家乘不分卷 汪时鸿纂修。1927年铅印本，二册。书名据书名页题。书名题汪氏家乘。

参见清汪钟斗修《汪氏续修宗谱》条。陈庄支祖令郢又十六传至璇，明季析居邑之江村；璇六世孙伯珍，再迁板桥。故谱奉璇为江村始迁祖，伯珍为板桥始迁祖。存谱载序、谱录、历代传略、板桥诗。

科图　历史所　经济所　人民大学　民族大学　河北大学

[安徽绩溪]孔灵汪氏家乘十三卷世系图不分卷　纂修者不详。清抄本，一册。书名据目录题。卷端题汪氏世乘录。记事至明嘉靖间。

孔灵始迁祖原富，元代人。

国图

[安徽绩溪]登源汪氏宗谱不分卷　（明）汪祐清等纂修。旧抄本，一册。书名据谱序题。记事至明崇祯八年。

北大

[安徽绩溪]汪氏世守谱十卷首一卷　（清）汪国徘、汪度纂修。清乾隆三十七年（1772）木活字本，四册。书名据版心、目录题。

自东汉末文和南迁，至南齐时叔举始居绩溪登源里汪村。叔举四传而生越国公华，华第八子俊之第三子处忠，处忠长子太微不忍轻去乡里，志守先人敝庐以主叔举墓祀；次子太象四世孙登明迁歙县清流，分祀越国公墓。太微传十七世至元澍，生彦初、彦乙，彦初子寿始由登源汪村徙周村，彦乙遵父命析居溪北梧村。汪、周、梧三村相去里许，且同属登源里，承办祀事，往来勿替。是谱记三村及清流世系，故奉处忠为本派始祖。

国图　上图　浙图

[安徽绩溪]汪氏世守谱十卷首一卷　汪行广等主修，汪顺煌等纂修。1915年木活字本，六册。书名据卷端、版心、书签题。

先祖同上。卷首像赞、墓图、州图、序文，卷二至三祭文、原姓、卷四至九世系图谱，卷十修谱名氏、领谱字号。

国图　上图　黄山博　绩溪档　衢州博　山西家谱　美国犹他

［安徽绩溪］汪氏宗谱四卷　纂修者不详。清光绪二年（1876）叙伦堂刻本，四册。

绩溪县文化馆

［安徽绩溪］西坑派汪氏宗谱　（清）汪培松纂修。清光绪十七年（1891）叙伦堂木活字本，存卷六。书名据版心题。

族出越国公汪华之后。始迁西坑龙须村祖德升，明初以前人。存卷为世系、祖训、祠墓图。

上图

［安徽绩溪］绩溪三都梧川汪氏宗谱六卷首一卷　（清）汪宗干等纂修。清光绪二十一年（1895）爱敬堂木活字本，六册。书名据书名页题。版心、卷端题梧川汪氏宗谱。书名题绩溪北梧川汪氏宗谱。

梧川始祖承三，字达卿，其父尧夫约于宋元之际自旌德新建迁居绩溪二都考溪，承三以茂才避征，因道过三都梧川而居焉，其长兄承一仍居考溪，次兄承二居二都蜀水。是谱主载梧川派，附记考溪、蜀水二派。卷一谱序、凡例、宗训、诏诰、村图、祠图，卷二像赞、远祖世系，卷三至六世系、传、墓志铭、墓图、排行、诗、跋等

国图　上图　绩溪档

［安徽绩溪］余川越国汪氏族谱二十卷首一卷末一卷　胡祥木纂修。1916年木活字本，六册。书名据卷端、版心、书签题。

始迁祖六胜，元末自旌德新建儿井巷迁绩溪西余川。卷首谱序、凡例、目录，卷一至六诰敕、像赞、传状、汪惕予年谱、文苑，卷七统宗世系表，卷八本支世系表，卷九至十六分支世系表，卷十七迁徙表，卷十八祠规，卷十九丘墓，卷二十拾遗。

上图

[**安徽绩溪**] **坦川越国汪氏族谱二十二卷首一卷末一卷**　汪大铭等主修。1925 年叙伦堂木活字本，六册。书名据版心、目录、卷端题。

唐越国公华长子建六传曰质，唐末避黄巢之乱徙居旌德新建。思聪，质四世孙，始居绩溪坦川。是为思聪十二世孙善德派下谱。卷首谱序、凡例、谱说、目录、修谱职名，卷一诰敕，卷二像赞，卷三传状，卷四文苑，余卷皆世系表。

上图　绩溪档

[**安徽绩溪**] **坦川越国汪氏族谱十六卷首一卷末一卷**　汪嘉锦主修。1925 年叙伦堂木活字本，四册。书名据版心、书签、目录、卷端题。

是为始迁祖思聪十二世系昌祖一派之谱。卷首序、凡例、谱说、目录、修谱职名，卷一诰敕，卷二像赞，卷三传状，卷四文苑，卷五至十二世系表，卷十三迁徙，卷十四祠规，卷十五丘墓，卷十六杂记，卷末领谱字号、后序、跋。

上图

[**安徽绩溪**] **汪氏越国世家渊源一本之图一卷**　纂修者不详。1946 年抄本，一册。书名据书衣题。

始祖惟德，南唐人，子元会迁歙东锺齐村，历十四世至廷传，复自钟齐村迁绩溪东作。卷载世系、传、序等。

上图

[**安徽绩溪**] **绩东汪氏宗谱四卷**　汪永峰纂修。1925 年木活字本，四册。

安徽博

[**安徽**] **汪氏支谱一卷**　（清）汪秋潭等纂修。清同治六年（1867）木活字本，二册。

后裔散居安徽及浙江两省。

日本国会图　美国犹他

［**安徽**］**汪氏宗谱**　（清）汪志旗、汪志周纂修。清宝善堂木活字本，一册。存卷二、卷末。书名据版心题。记事至清道光七年。谱籍疑为安徽潜山县。

安庆图

［**安徽**］**汪氏宗谱**　纂修者不详。清敦本堂木活字本，一册。存卷六。书名据版心、书衣题。记事至清宣统元年。谱籍疑为安徽安庆市。

安庆图

［**安徽**］**重修汪氏家乘不分卷**　纂修者不详。清刻本，二册。存卷六至二十。书名据版心题。记事至清初。所存卷次凌乱。

国图

［**安徽**］**汪氏松明族道坦公支谱不分卷**　（清）汪兆麟纂修。清嘉庆二十二年（1817）刻本，一册。书名据版心题。书签题千秋里汪氏支谱。谱籍不明。

始迁祖大有，字蓄之，号柳山，宋代人。

北师大

摘自《中国家谱总目》，上海古籍出版社 2008 年版

主要参考文献

（宋）程颢：《程氏外书》，中华书局 1981 年版。

（宋）程颐：《程氏遗书》，中华书局 1981 年版。

（明）程瞳：《闲辟录》，安徽人民出版社 2007 年版。

（明）王阳明：《阳明全书》，明隆庆刻本。

（明）汪道昆：《太函集》，黄山书社 2004 年版。

（明）汪道昆：《太函副墨》，万历十九年刻本。

（明）张岱：《陶庵梦忆》，西湖书社 1982 年版。

（明）凌蒙初：《初刻拍案惊奇》，时代文艺出版社 2010 年版。

（明）归有光：《震川先生集》，四部丛刊本。

（明）陈子龙：《明经世文编》，中华书局 1962 年版。

（明）朱鹤龄：《愚庵小集》，华东师范大学出版社 2010 年版。

（明）周清原：《西湖二集》，明崇祯刻本。

（明）王世贞：《弇州山人四部稿》，明万历刻本。

（明）王世贞：《弇州山人四部续稿》，明万历刻本。

（明）胡应麟：《少室山房集》，上海古籍出版社 1993 年版。

（明）李维桢：《大泌山房集》，齐鲁书社 1997 年版。

（明）归有光：《震川先生集》，上海古籍出版社 1981 年版。

（明）谈迁：《国榷》，清抄本。

（清）钱谦益：《列朝诗集小传》，上海古籍出版社 1959 年版。

（清）赵吉士：《寄园寄所寄》，康熙三十五年刊本。

（清）吴青羽：《茗洲吴氏家典》，雍正十三年刊本。

（清）张廷玉：《明史》，中华书局 1974 年版。

（明）杨洵：《扬州府志》，万历三十三年刊本。

（明）张应武：《嘉定县志》，万历三十三年刊本。

（明）张涛：砺《歙志》，万历三十七年刻本。

（明）刘伯缙：《杭州府志》：齐鲁书社 1996 年版。

（清）赵吉士：《徽州府志》，康熙三十八年万青阁刊本。

（清）傅王露：《西湖志》，清雍正九年刊本。

许承尧：《歙县志》，民国铅印本。

歙县《许氏世谱》，隆庆刊本。

婺源《三田李氏统宗谱》，明万历四十二年木刻本。

（明）黄玄豹：《潭渡黄氏族谱》，雍正九年刊本。

《休宁西门汪氏宗谱》，顺治十年刊本。

《新安张氏续修支谱》，顺治十六年刊本。

歙县《济阳江氏宗谱》，道光十八年刊本。

（清）汪士惇：《汪氏惇本祠溯源宗谱》，清刻本。

歙新馆《鲍氏着存堂祠谱》，清刊本。

《旌阳程氏宗谱》，清刊本。

汪大燮：《杭州汪氏振绮堂宗谱》，民国十九年出版。

许承尧：《歙事闲谭》，黄山书社 2001 年版。

余英时：《士与中国文化》，上海人民出版社 1987 年版。

徐朔方：《晚明曲家年谱》，浙江古籍出版社 1993 年版。